학생들의 생각과 의견을 시각화하고
확장시키는 수업을 위한 안내서

우리 교실에 스며드는 구글

HOLLY CLARK · TANYA AVRITH 지음

핸즈인핸즈 연구소 **김정은 (Judy Kim)** 옮김

THE GOOGLE INFUSED CLASSROOM

도서출판 홍릉

The Google Infused Classroom

Copyright © 2017 by Holly Clark and Tanya Avrith
Originally published in the United States by Elevate Books Edu
Published in 2020 under license from Elevate books Edu and Holly Clark and Tanya Avrith.

우리 교실에 스며드는 구글

인 쇄 : 2020년 6월 30일 초판 1쇄
발 행 : 2020년 7월 7일 초판 1쇄

역 자 : 김정은
발행인 : 송 준
발행처 : 도서출판 홍릉
등 록 : 1976년 10월 21일 제5-66호

주 소 : 서울시 강북구 인수봉로 50길 10
전 화 : 02-999-2274~5 팩 스 : 02-905-6729
e-mail : hongpub@hongpub.co.kr
홈페이지 : www.hongpub.co.kr

Copyright©도서출판 홍릉, 2020, Printed in Korea
ISBN : 979-11-5600-781-4
정 가 : 14,000원

낙장 및 파본은 구입처나 본사에서 교환하여 드립니다.

※ 이 책의 한국어판 저작권은 에이전시 원을 통해 저작권자와의 독점 계약으로 도서출판 홍릉에 있습니다.
   저작권법에 의해 한국 내에서 보호를 받는 저작물이므로 무단전재와 무단복제를 금합니다.

목차
CONTENTS

우리 교실에 스며드는 구글에 대한 교육전문가들의 격찬 · · · · · · · vii
번역 에필로그 · x
앨리스 킬러 (Alice Keeler)의 서문 · xii
이 책을 읽는 방법 · xiv

교육학과 테크놀로지

교육학이란 · 2
왜 구글인가 · 3
혁신 문해력의 의미 · 4
Z세대 학습자들의 10가지 특성 · 9
학습이론 소개 · 13
시각화, 의견 제시, 공유 · 15
교실수업 활용 아이디어와 용어해설 · 20
어떻게 테크놀로지가 학습을 향상시킬 수 있을까? · · · · · · · · · · 27
설계를 통한 이해 (UbD) · 29
학습을 위한/ 학습으로서의/ 학습에 대한 평가 · · · · · · · · · · · · · · 30
교육학에 기반한 디지털 도구 활용의 실제 · · · · · · · · · · · · · · · · 31
형성평가를 위한 디지털 도구 · 32
    소크라티브 (SOCRATIVE) · 34
    패들렛 (PADLET) · 36
    구글 설문지 (GOOGLE FORMS) · · · · · · · · · · · · · · · · 38
    포머티브 (FORMATIVE) · 40

톡앤코멘트 (TALK AND COMMENT)	· · ·	42
차별화를 위한 조언과 디지털 도구	· · ·	44
구글 클래스룸 (GOOGLE CLASSROOM)	· · ·	47
하이퍼닥스 (HYPERDOCS)	· · ·	48
구글 사이트 (GOOGLE SITES)	· · ·	49
유튜브 (YouTube)	· · ·	50
학습 시연과 디지털 도구	· · ·	51
학습시연 1. 디지털 도서 출판	· · ·	53
북크리에이터 (BOOK CREATOR)	· · ·	55
학습시연 2. 비주얼 스토리텔링	· · ·	56
위비디오 (WEVIDEO)	· · ·	58
학습시연 3. 팟캐스팅 및 음성/음악 녹음 활동	· · ·	60
사운드트랩 (SOUNDTRAP)	· · ·	62
학습시연 4. 사고–이미지–공유	· · ·	64
캔바 (CANVA)	· · ·	66
학습시연 5. 화면녹화	· · ·	67
스크린캐스티파이 (SCREENCASTIFY)	· · ·	69
학습시연 6. 블로그 활동	· · ·	70
블로거 (BLOGGER)	· · ·	72
시소 (SEESAW)	· · ·	73
학습시연 7. 협업 활동	· · ·	75
구글 프레젠테이션 (GOOGLE SLIDES)	· · ·	78
학습시연 8. 협동 작문 활동	· · ·	79
구글 문서 (GOOGLE DOCS)	· · ·	81
학습시연 9. 상호협력적 화이트보드 활용 활동	· · ·	82
익스플레인 에브리씽 (EXPLAIN EVERYTHING)	· · ·	85
학습 성찰 및 목록화와 디지털 도구들	· · ·	87
플립그리드 (FLIPGRID)	· · ·	92
스크린캐스티파이 (SCREENCASTIFY)	· · ·	94
패들렛 (PADLET)	· · ·	96
시소 (SEESAW)	· · ·	98

페어덱 (PEAR DECK)	100
디지털 포트폴리오	104
시소 (SEESAW)	105
구글 사이트 (GOOGLE SITES)	107

디지털 포트폴리오 제작을 위한 가이드

디지털 포트폴리오를 통해 학생들의 생각을 시각화하기	109
세 가지 유형의 디지털 포트폴리오	
– 과정형	110
– 발표형	112
– 혼합 활동형	114
보너스 : 학습자가 진정한 청중 (독자)에게 다가 갈 수 있는 10가지 방법	116

디지털 도구별 활용 안내

왜 구글인가?	122
구글의 생태계 둘러보기	123
구글 지스위트 (Google G Suite) 안내	124
디지털 도구를 선택할 때 비판적으로 고려해야 하는 문제	125
유용한 20가지 디지털 도구와의 만남	126
주요 기능별 디지털 도구 소개	130
어떤 디지털 도구를 사용해야 할까?	132
교육에 대한 재인식	135
전통적인 교육과 혁신적 교육에 대한 비교	135
저자 소개	137
역자 소개	138

우리 교실에 스며드는 구글에 대한 교육전문가들의 격찬

DIVE INTO INQUIRY의 저자 TREVOR MCKENZIE

수업에 테크놀로지를 접목해야 하는 상황이 오면 나는 도구, 부가기능 또는 플랫폼 등이 수업을 주도하는 것 같아 항상 테크놀로지 사용을 주저하게 됩니다. 테크놀로지와의 접목은 기술이 우리가 하는 일과 매끄럽게 연동될 때, 학습자가 스스로 선택할 때, 교사의 수업을 보조할 때 비로소 강력한 결과를 낳게 됩니다. 학습자의 이해도에 대한 교사의 평가는 학습이 살아있고 정교하며 학습자들의 수업 참여도가 높을 때 더 정확하고 확실해 집니다. 이 책은 이러한 균형에 대한 나의 이해를 심화시키는 데 도움이 된 첫 번째 도서입니다. 나의 거대한 생각을 명확하게 다듬어 주고 크롬 부가기능 (Chrome Adds-ons)의 잠재력을 어떻게 극대화할 수 있는지를 구체적으로 생각하는 데 도움이 되었습니다. 이 책에는 모든 사람에게 필요한 놀라운 정보와 자료가 있습니다. 이 책은 여러분의 생각과 실천을 좀 더 유익한 방향으로 바꿀 것입니다.

기조연설가, KEN SHELTON

이 책은 교사에게 지침서이며 교수 자료로 활용될 수 있는 필독서입니다. 올바른 도구를 활용하여 건전한 교육을 효과적으로 구현하도록 영감을 주고 이를 학습할 기회를 제공하는 촉매 역할을 합니다. 두 저자인 타냐와 홀리는 이 책을 통해 테크놀로지를 효과적으로 사용하여 학습을 혁신하고 강화하며 풍부하게 할 수 있도록 기존의 교실을 변화하기 위한 로드맵을 제공하고 있습니다.

테크 코치, CRAIG BADURA

이 책은 선생님들의 개인 필수도서목록에 꼭 추가해야 하는 귀중한 도서입니다. 타냐와 홀리는 수년간 그들의 수업에서 디지털 기술을 효과적이고 교육적으로 구현했으며 그 풍부한 경험을 이 책에 잘 담아냈습니다. 이 책을 읽는 독자들은 지도하는 학습자들의 학년에 상관없이 즉시 수업에 완벽하게 활용할 수 있는 실용적인 아이디어를 많이 얻을 것입니다. 이 책은 다양한 도구들을 소개할 뿐만 아니라 최적의 교육학 이론들에 그 중심을 두고 있습니다. 또 전통적인 교수법과 다르게 테크놀로지가 교실 안에서 학생들의 학습을 향상시킬 수 있다는 것을 확인시켜주며 어떻게 향상시킬 수 있는지 그 해법까지 제시해 줍니다. 독자들이 즐겁게 이 책을 읽기를 바랍니다. 환상적인 책입니다.

교육자이며 EDUMATCH 창립자 SARAH THOMAS

이 책은 우수한 교육적 철학과 디지털 기술과의 완벽한 통합을 독특하게 표현하였습니다. 단순하고 읽기 쉬운 디자인으로 잘 구성되어 있습니다. 이 안내서는 학년과 관계없이 오늘날 교육과 학습에 활용하기에 매우 유용합니다.

COURAGEOUS EDVENTURES의 저자 JENNIE MAGIERA

홀리와 타냐는 이 책을 통해 창의적 사고에 관해 설명했을 뿐만 아니라 책 자체도 혁신적으로 구성하였습니다. 시각적으로 매력적이고 다양한 아이디어로 가득 찬 이 책은 교실에서 디지털 도구를 잘 활용하고자 하는 모든 교사의 친구가 되고 있습니다.

SHAKEUPLEANRING.COM의 디지털 러닝 컨설턴트 KASEY BELL

타냐와 홀리는 나와 이심전심으로 통합니다. 이 책에서는 건전한 교육과 디지털 도구와의 완벽한 조화를 보여줍니다. 이 책은 구글을 사용하는 모든 교육자를 위한 필수품입니다. 구글 지스위트 (G Suite)의 강력한 기능과 양질의 전략으로 여러분의 수업을 강화할 수 있는 실용적인 아이디어를 이 책에서 얻을 수 있을 것입니다.

NEXTVISTA.ORG의 이사이며 창립자인 RUSHTON HURLEY

교사들을 위한 얼마나 놀랍고 멋진 자료입니까! 타냐와 홀리는 학생들을 위해 교실에서 할 수 있는 모든 종류의 활동을 준비하는 방법과 과정을 안내하기 위해 엄청난 노력을 하고 있습니다. 이 책은 유사한 디지털 도구 중에서 교사가 가장 알맞은 것을 선택할 수 있도록 도구에 관한 정보를 제공하고 특정 학습 결과를 도출할 수 있는 도구 사용법도 함께 소개합니다. 나는 수십 년 동안 테크놀로지를 사용했음에도 불구하고 이 책에 소개된 정보와 아이디어를 보면서 새로운 생각을 하게 되었습니다. 이 책은 교육 경력과 상관없이 모든 교사가 더 나은 교육을 위해 학습자들의 의견을 수집하고, 적절한 학습 매체를 선택하며, 그 학습 매체를 더 잘 활용할 수 있도록 안내하는 지침서입니다.

THE HYPERDOCK HANDBOOK 공동저자, LISA HIGHFILL

이 책은 디지털 학습을 한 단계 더 발전시키고자 하는 모든 교육자의 필독서입니다. 홀리와 타냐는 테크놀로지와 좋은 생각을 아름답게 융합하여 학습자의 학습 활동을 강화하는 실용적인 아이디어와 사례를 다양하게 소개합니다.

DITCH THAT TEXTBOOK 저자 MATT MILLER

이 책은 현재 디지털 기술을 사용하는 모든 교사를 위한 필독서입니다. 특히 이미 디지털 도구들에 대해 잘 알고 있고 수업에서 잘 활용하고 싶은 분들이라면 이 책을 강력히 추천합니다. 또한 교실에서 구글을 막 도입하고 있으며 올바르게 사용하고 싶다면 꼭 이 책을 읽어 보길 권합니다. 일단 읽어 보세요. 이 책은 현재 우리에게 너무 필요한 건전한 교수법과 강력한 교육용 테크놀로지의 행복한 조합을 보여줍니다.

EAST LEYDEN 고등학교 (일리노이주, 프랭클린 파크지역) 교장, JASON MARKEY

이 책은 교실 내 수업을 강화하기 위해서 어떻게 교육철학과 디지털 기술이 협력해야 하는지에 대한 중요한 통찰로 가득 차 있습니다. 유용한 도구와 혁신적인 교육 전략의 사례가 담긴 이 책은 모든 학교의 전문학습 공동체가 참조목록에 꼭 추가해야 하는 필독서가 되어야 합니다.

번역 에필로그

2017년 10월 어느 젊은 초등교사의 교실 수업 사례 발표를 보게 되었습니다. 초등학교 4~5학년 정도인 학생들이 교실에 설치된 대형 모니터를 통해 다른 나라 학생들과 실시간으로 과제를 발표하고 토의를 하는 수업이었습니다. 연출된 모습이 아니라는 것을 단번에 알 수 있었고 그 모든 것을 가능하게 하려고 무던히 디지털 기술을 배우고 접목해왔다는 그 선생님의 발표 중에 '구글' 이라는 익숙하지도 낯설지도 않은 단어를 반복해서 듣게 되면서 막연히 "구글을 배워야 하겠다!"는 다짐을 하게 되었습니다.

2018년 1월 구글 공인인증 교육자 (Google Certified Educator) 레벨1과 그해 7월 레벨2 시험에 합격했으면서도 구글의 디지털 도구를 교실에 적용하는 데에는 매우 소극적이었습니다. 그해 9월 구글 공인인증 트레이너 (Google Certified Trainer)가 되면서부터 본격적으로 전국 현장의 교사와 교육자들을 만나기 시작했습니다. 2019년 8월까지 구글에서 학교와 교육기관에 무료로 제공하는 지스위트 (G Suite)와 우리 교실에 접목할 수 있는 구글 도구에 대한 연수를 총 90회 이상 진행하였습니다.

구글의 도구를 업무나 수업에 활용하는 사람들의 한결같은 의견은 '구글의 도구는 협업과 소통을 위해 최적'이라는 것입니다. 그러나 이는 도구만을 보고 하는 말이 아니라는 것을 2019년 9월 싱가포르 구글 공인인증 이노베이터 (Google Certified Innovator) 아카데미에서 한 번 더 깨달았습니다. 그곳에서 전세계 구글교육자들과 구글러[1]들을 만나 깊고 강한 울림을 얻게 되었습니다. 그리고 많은 구글 교육자들과 디지털 도구를 활용한 스마트 수업 등을 운영하는 선생님들의 필독서 중 "The Google Infused Classroom"을 발견하였습니다. 이 책은 유난히 그 구성이 혁신적이고 간결했습니다. 그 속에는 중요한 교육학 이론과 저자들의 현장 경험을 종합하여 선별한 20개의 디지털 도구들과 플랫폼이 소개되어 있었습니다. 현장의 선생님들에게 평소 소개하고 싶었던 도구들이 디지털 원주민 'Z세대'들을 위한 학습

---

[1] 구글러 (Googler) : 구글 직원

과 교수 가이드와 함께 소개된 이 책을 더 많은 한국 선생님들과 구글 교육자들에게 소개하고자 번역을 결심하게 되었습니다. 두 저자 역시 구글 공인인증 이노베이터로서 번역의 전 과정을 구글의 도구들로 소통하고 조율했고 상의하고 지지했습니다.

무엇보다도 이 책을 번역하는 과정에서 조언과 지지를 아낌없이 해주신 구글 교육자 선생님들께 진심으로 감사드립니다.

또한 정성을 다해 교정 작업에 애써 주신 박다혜 선생님, 감사드립니다.

번역 마지막까지 응원과 격려로 큰 힘이 되어준 사랑하는 남편에게 고맙다는 말을 꼭 전하고 싶습니다.

나의 일을 자기의 일처럼 기뻐해 주고 믿어주는 구글리한 친구 스테파니 (Stephanie Rothstein)와 두 저자 타냐 (Tanya Avrith)와 홀리 (Holly Clark)에게도 감사드립니다.

우리 교실에 스며드는 구글을 통해 좀 더 유익하고 의미있는 수업을 꿈꾸시는 모든 선생님들과 교육자분들에게 이 책을 바칩니다.

두저자 홀리와 타냐로 부터….
번역자 쥬디 킴에게 감사하는 글

먼저 이 책을 한국어로 번역하는 데 많은 시간과 노력을 아낌없이 쏟아준 쥬디 킴에게 진심으로 감사합니다. 그녀를 통해 한국의 헌신적인 교육자들과 선생님들의 모습을 보았습니다. 이런 만남을 가능하게 해준 쥬디 킴에게 평생 감사하는 마음을 잊지 못할 것입니다. **우리 교실에 스며드는 구글 (The Infused Classroom)**의 가족이 된 그녀를 진심으로 환영합니다.

앨리스 킬러 (Alice Keeler)의 서문

홀리와 타냐는 오랫동안 제가 존경하고 많은 것을 배운 교육자입니다. 이 분들은 테크놀로지만으로 학습자의 학습을 향상시키거나 참여를 높일 수 없다는 것을 이해하는 분들입니다. 어떻게 디지털 기술이 학습을 향상시키고 강화할 수 있는 지를 고려하며 이를 반영하여 수업을 의도적으로 계획하는 것이 이 책의 핵심입니다.

이 책은 교사가 어떻게 구글 및 기타 디지털 도구를 사용하여야 혁신적인 수업을 할 수 있는지 제시하고 있습니다. 이 책은 훌륭한 교육학 이론에 근간을 두고 있습니다. 이는 교육자들이 학습자들의 학습 활동에 강력한 영향을 줄 수 있고 호기심을 자극할 수 있다는 신념과 수업의 변혁을 이끌어 낼 수 있는 디지털 기술을 활용할 수 있다는 믿음에 기반을 두고 있습니다. 두 저자는 교사가 학습자와 학습자의 요구를 이해하고 현재 상황에서 그 요구를 충족하기 위해 어떤 디지털 도구들을 사용할 수 있으며 아날로그 방식의 학습이 거의 존재하지 않을 미래를 학습자들이 어떻게 대비해야 할지 쉽고 명쾌하게 안내합니다.

두 저자는 학습에 대한 구성주의적 접근법을 제시합니다. 구글의 도구와 같은 창의적 디지털 도구들을 사용함으로써 학습자들은 도전하며 배우고, 실패를 두려워하지 않고 위험을 감수하며, 자신의 학습에 대한 온전한 소유권을 가질 수 있습니다. 두 저자는 인지 학습이론에 전문적 지식을 가지고 있으며 이를 바탕으로 다양한 수업 사례들로 이 책을 구성하였습니다.

홀리와 타냐는 학습자의 사고를 시각화 하는 틀을 연구하고 이를 제대로 사용하기 위해 노력해 왔습니다. 이 틀 (프레임 워크)을 통해 교사는 학습자를 더 잘 이해하고 학습시기와 성장 과정에서 학습자의 위치를 알 수 있습니다. 그런 다음 교사는 이 중요한 데이터를 사용하여 개별 학습자의 요구를 충족하도록 수업을 수정할 수 있습니다. 또한 이 틀을 통해 교사는 구글의 도구를 기존의 수업방식에 부가적으로 사용할 수 있을 뿐만 아니라 교실 수업과 학습자의 학습 활동을 증폭시킬 수 있는 시점을 알게 됩니다. 두 저자는 이 책에서 디지털 도구의 개요를 제시하고 이를 활용한 형성 평가와 수업 사례 그리고 훌륭한 수업 전략을 달성하기 위한 도구 사용 방법을 소개합니다.

우리가 디지털 도구를 아는 것도 중요하지만 무엇보다 교육적 변혁을 이루기 위해서는 도구를 활용하는 교육학적 방법을 이해하는 것이 더욱 중요하기 때문에 이 책에서는 학습자가 의미 있는 학습 콘텐츠를 만들어 가는 과정을 제시합니다. 디지털 기기들과 도구들이 교실 내에 널리 보급되는 이 시점에 우리에게는 학습 지도에 대한 의미를 다시 생각하고 학습 이론을 재정의하며 교실에서의 학습 경험을 지원하고 확장하게 하는 디지털 도구들을 소개하는 이러한 책들이 더 필요합니다.

이 책은 모두가 따라야 할 모델입니다. 이제 기존의 수업과 교실의 변혁을 시도하고 교수와 학습에 대한 생각을 다시 해야 할 때입니다. 이 책은 여러분들의 디지털 기술에 대한 사전 지식이나 수준에 상관없이 모든 선생님에게 도움이 되는 훌륭한 출발점이 될 것입니다. 이 책을 읽으면서, 여러분은 기술 자체보다 학습에 우선순위를 두고 현대적인 방식으로 기술을 활용하여 학습자의 지식을 단순 암기의 수준에서 더 높은 이해의 수준으로 이끄는 흥미로운 방법을 발견하게 되실 겁니다.

이 책을 읽는 방법

이 책을 쓰면서, 저희는 테크놀로지를 활용하여 학습을 변혁시키는 방법을 두 가지 관점에서 다루고 싶었습니다. 교육학적 관점과 디지털 도구의 활용입니다. 다시 말하자면 교육과 디지털 기술과의 통합을 위한 지원 기반을 두 가지 관점에서 만들고 싶었던 겁니다. 아마도 여러분들 중에 학습자들의 지식수준과 이해도를 평가하는 데 더 나은 방식을 알고 싶은 분들이 있다면 교육학 부분부터 먼저 시작하는 것을 권합니다. 반면에 화면 녹화에 대해서는 들어본 적은 있으나 그것을 어떻게 수업과 연계할 수 있을 지에 대해 모르시는 분들이 있다면 121쪽의 '디지털 도구별 활용 안내' 섹션부터 시작해보시면 어떨까요?

교육학 부분은 이제부터 시작되며 이 책에서 제시된 아이디어의 기초가 되는 학습 이론을 맥락적으로 설명하는 부분입니다. 먼저 학습자의 사고와 학습을 시각화하고, 모든 학습자가 자신의 의견을 제시하며, 학습의 결과물을 공유하기 위해 테크놀로지를 사용하는 것에 중점을 두려고 합니다. 다음으로 기본적인 교육학 구조를 살펴보고 교육학의 기본에 충실하면서 동시에 사용하기 쉬운 디지털 도구를 활용하여 여러분의 수업과 학습 지도 역량을 높일 수 있는 **우리 교실에 스며드는 구글**의 사례들을 제시하려고 합니다. 여러분이 자신의 교육학적 소신을 지키며 동시에 의미 있는 가르침과 역동적인 학습을 지원할 수 있도록 이제 **우리 교실에 스며드는 구글**의 정보를 제공하려고 합니다.

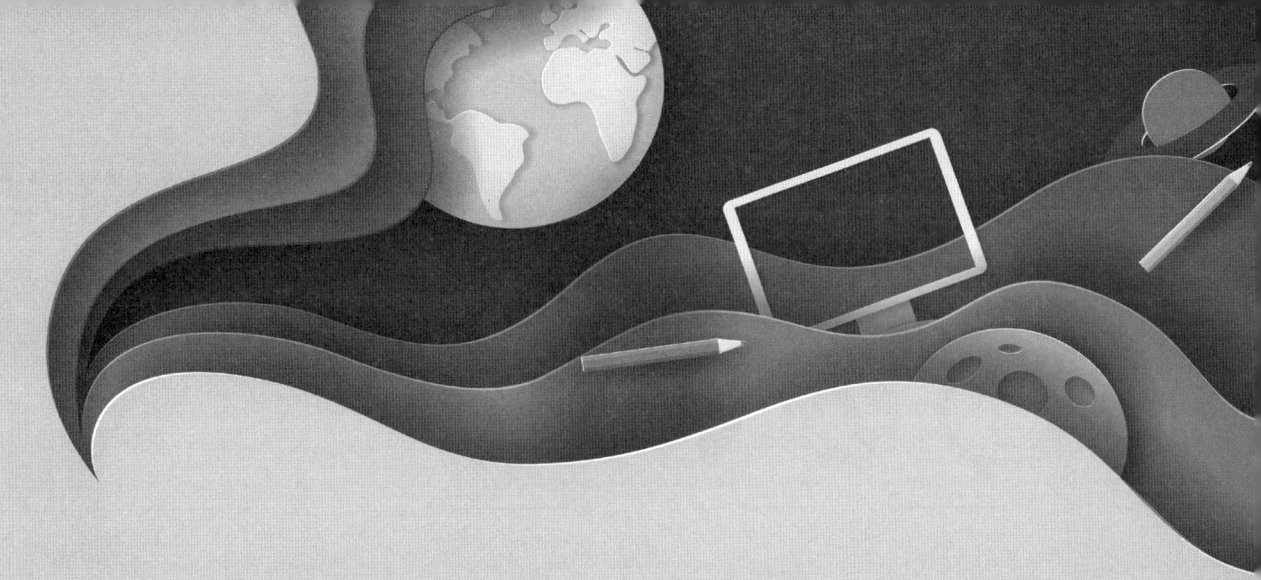

교육학과 테크놀로지

우리 교실에 스며드는 구글

교육학이란
ped-uh-goh-jee 페다고지
/PE-Də-,gō-Jē/

명사

교수법 또는 교육전략
교과목 또는 교육을 대상으로 하는 이론적 개념[1]
구글은 학습 공간을 기존의 교실공간에서 학생들이 자신의 생각을 시각화하고 각자 의견을 제시하며 자신의 학습 결과물을 공유하고 게시할 수 있도록 교사가 지원하는 곳으로 재정의했습니다.

1) 출처 네이버 사전

왜 구글인가

구글은 학습 공간을 기존의 교실공간에서 학생들이 자기의 생각을 시각화하고 각자 의견을 제시하며 자신의 학습 결과물을 공유하고 게시할 수 있도록 교사가 지원하는 곳으로 재정의 했습니다.

이 새로운 학습 공간에서 학생들은 교사의 피드백뿐만 아니라 지역사회 그리고 더 큰 세상과 소통하고 정보를 수집할 수 있게 됩니다.

이 공간에서 학생들은 같은 반 친구들 뿐만 아니라 다른 도시 더 나아가 다른 대륙에 있는 학습자들과 문서를 공유하고 서로 공동작업을 할 수 있게 됩니다.

이 곳은 학생들이 행아웃 (또는 구글 미트)[1] 을 통해 서로 정보를 공유하고 학습을 도울 수 있는 가상의 학습 공간이 되기도 합니다.

이 공간에서 학습자들은 이론과 자기의 생각을 학습에 반영하고 그들이 무엇을 알고 배우는지를 공유하며 서로의 학습을 지원하게 됩니다. 이를 통해 교실은 교사의 수업과 가르침을 확장하는 공간이 되는 것입니다.

우리 교실에 스며드는 구글

우리 교실에 스며드는 구글이란 구글 드라이브 (Google Drive), 구글 클래스룸 (Google Classroom), 크롬 앱 (Chrome Apps), 크롬확장프로그램 (Chrome Extensions) 등 구글 생태계의 도구 뿐만 아니라 교실에서의 학습을 확장해주는 여러 온라인 디지털 도구를 수업에 자연스럽게 접목하는 모든 활동을 의미합니다. 간단한 예를 살펴보자면 구글 클래스룸에 마이크로소프트사의 플립그리드 (Flipgrid)를 활용한다거나 구글 문서 (Google Docs)에 크롬확장프로그램인 톡앤코맨트 (Talk and Commnet)를 활용하는 것을 예로 들 수 있습니다. 여러분은 이 책을 통해 구글을 접목한 자신만의 수업 아이디어를 얻게 될 것입니다. 여러분의 사례들을 듣고 싶습니다. 여러분의 생각과 이 책을 통해 배운 것들을 해시태그 **#우리교실에스며드는구글** (#infusedclassroom)과 함께 공유해주시면 좋겠습니다. 공유! 바로 그것이 이 책의 중요한 실천사항이며 핵심입니다.

---

[1] 구글 행아웃 (Google Hangouts) & 구글미트 (Google Meet) : 구글에서 제공하는 커뮤니케이션 플랫폼으로 화상회의와 채팅이 가능하다.

혁신
문해력의 의미

혹시 여러분들은 스타 벅스와 같은 곳에서 와이파이에 접속하기 위해 음료를 구매하는 등의 비용을 지불해야했던 경험이 있으신가요? 다행히도 더이상 그럴 필요가 없어졌습니다. 이제 기업들은 고객들이 쇼핑 또는 식사를 하거나 주문을 기다리는 동안 와이파이를 쉽게 이용할 수 있는 서비스를 제공하는 것이 기업이 고려해야 할 매우 중요한 요소임을 인식하고 있기 때문입니다.

우리 학생들도 이러한 인터넷 접속을 원합니다. 그들은 매일 교실 밖에서 온라인으로 사진을 공유하고 자신의 일과를 업데이트하여 수시로 게시하고 공유하고 있습니다. 교실이 아닌 그 어느 곳에서든지 말입니다. 그러나 많은 사람들이 자신의 아이디어를 올바르게 공유하는 방법은 모릅니다. 또한 강력한 학습 네트워크를 온라인으로 관리하고 열정을 공유할 사람들을 찾고 그들과 연결되어 자신의 아이디어를 더 발전시키는 방법을 알고 있지도 못합니다. 대부분의 학교는 기술과 소셜 미디어가 공부와 학습을 방해하는 요소로 여기기 때문에 많은 학생들은 인터넷의 역량을 활용하는 방법과 연결학습 (Connected Learning)을 배우지 못했습니다. 학생들은 교사의 안내로 디지털 도구를 이용한 정보 활용 방법을 배우는 대신 부적절한 방법을 찾아 스스로 온라인에 접속하는 경우도 있습니다.

그렇다면 학교가 학생들이 온라인에 접속하는 것을 허용하지 않는 이유를 살펴보겠습니다. 먼저, 인터넷을 제공할 재정이 부족한 경우도 있습니다. 그러나 학교가 학생들의 소셜 미디어, 인터넷 접속 등을 금지하는 이유는 우리의 집단 무의식에서 발현되는 두려움 때문입니다. 사회는 주기적으로 큰 변혁을 맞이하는데 이때 정보와 그 정보가 확산되는 방법도 함께 변화합니다. 이러한 변혁을 맞이할 때마다 초기에는 사람들이 불편함을 느낍니다. 인류의 역사를 돌이켜보면 변화는 새로운 매체가 사회에 끼칠 영향에 대한 두려움을 항상 수반했습니다. 문자와 필기 기술이 발명되었던 시대로 거슬러 올라가 보면 당시 소크라테스는 글쓰기가 사람들의 기억력 활용을 방해하고 이를 통해 학습자들에게 건망증이 생기는 것을 두려워하여 이를 시민들에게 경고했습니다. 기술이 진보할 때마다 새로운 두려움들도 대두됩니다. 인쇄기가 발명되었을 때도 사람들은 책 속의 단어들과 주장의 타당성을 알 수 있는 방법이 없었기 때문에 책은 사람들을 바보로 만들 거라는 두려움이 있었습니다. 이후 타자기가 출시되자 사람들은 "이제 우리 아이들이 어떻게 제대로 된 손글씨법을 배울 수 있겠습니까?" 라고 의문을 가졌습니다. 휴대 전화가 발명되었을 때도 많은 사람들은 공부에 방해가 될 것이라고 우려했습니다. 학교에서 디지털 기술과 소셜 미디어를 사용함으로써 교육현장에 새로운 변혁을 불러일으키고 있습니다. 아직도 많은 사람들은 스마트폰과 모바일 기술 그리고

다양한 모바일 앱으로 사람들이 서로 연결되고 협업하는 방식을 두려워하거나 적어도 불편해합니다. 그러나 이러한 도구를 사용함으로써 인류는 손끝의 움직임만으로도 많은 학습을 할 수 있게 되었습니다. 따라서 우리는 이제 이러한 도구들을 수업 방해와 집중력 저하의 요인으로 치부하기 보다 특별한 수업 방안으로 생각해야 합니다. 여기 변혁에 부정적인 사람들에 대한 좋은 소식이 있습니다. 변혁을 거부하고 부정하는 사람들도 시간이 지남에 따라 새롭게 변화된 상황에 익숙해지고 일부는 일단 이러한 두려움을 극복하고 나면 새로운 테크놀로지의 지지자가 된다는 겁니다.

문해력에 대한 재정의

유명한 공상과학 소설속에서 작가들은 멀티미디어 기술이 발전하여 의사소통을 하는데 있어 더 이상 읽기와 쓰기가 필요하지 않은 후기문해력사회 (Post-Literate society)[1]를 소개

---

1) 후기문해력사회 (Post-Literate Society) : 멀티미디어 기술이 발전하여 문해력, 읽기 또는 쓰기 능력이 더 이상 필요하지 않은 가상의 사회

합니다. 애플사의 시리와 아마존사의 알렉사와 같은 음성지원이 일상화되는 미래사회를 상상하는 것은 어렵지 않습니다. 21세기에는 학생들에게 읽기와 쓰기뿐만 아니라 정보의 모든 매체들을 아우르는 유창성인 범매체적 문해력 (Transliteracy)[1]을 가르쳐야 합니다.

도약

많은 사람들이 인터넷 서핑을 하고 페이스북 (Facebook)에 글을 게시하지만 이러한 활동만으로는 온라인 학습의 진정한 강력함을 이해하기에는 충분하지 않습니다. 페이스북을 통해 사람들과 연결되고 소통하고 있다면 몇 가지 중요한 사실을 이해해야 합니다. 페이스북은 사회 학습보다 사회적 공유에 더 중점을 두고 있으며 페이스북 사용자의 평균 나이는 41.5세입니다. 또한 비록 페이스북을 사용하는 학생이 있다 하더라도 대부분의 학생들은 인스타그램 (Instagram), 스냅챗 (Snapchat), 트위터 (Twitter) 그리고 유튜브 (YouTube)를 선호합니다.

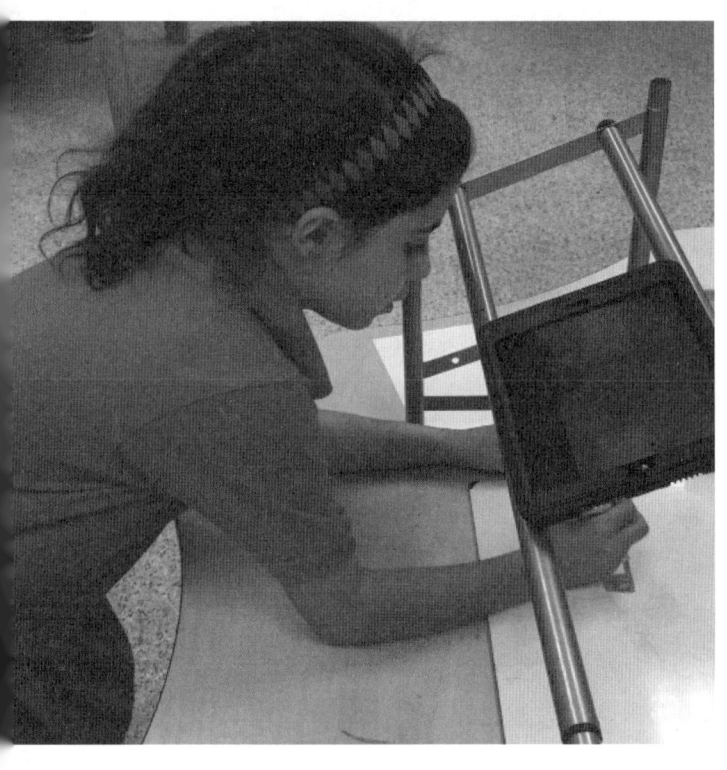

사람들이 이제 신문과 텔레비전이 아닌 소셜미디어를 통해 그날의 뉴스와 새로운 제품에 대한 정보를 먼저 얻게 된다는 점을 고려할 때 학생들은 온라인에서 정보를 찾아 타당성을 확인하고 이해하는 방법을 잘 알아야 합니다. 또한 미래의 자기 직업세계에서 성공하려면 트윗, 리트윗, 해시태그, 팔로우 및 검색 엔진 최적화 (SEO)[2] 순위를 개선하는 방법을 포함한 소셜 미디어 마케팅을 이해해야 합니다.

---

1) 범매체적 문해력 (Transliteracy) : 전통적인 활자매체, 전자기기, 온라인도구 등 다양한 매체들을 이용하여 읽고 쓸 줄 아는 능력 (출처: 네이버 사전)
2) 검색엔진최적화 (SEO, Search Engine Optimization) : 검색 결과에서 내 사이트가 더 잘 노출될 수 있도록 하는 일련의 작업

혁신적이고 범매체적 문해력을 겸비한 교육자로서 학생들을 안내하기 위해 소셜미디어를 통해 다른 사람들과 소통하고 전세계와 연결된 학습자가 된다는 의미를 이제 교사들은 이해해야 합니다. 새로운 유형의 정보를 올바르게 사용하는 방법, 이들의 미묘한 차이들 그리고 그들이 세상을 어떻게 형성하고 있는지를 잘 알아야 합니다. 또한 정보를 목록화하고 이해한 것들을 크라우드 소싱 (Crowdsourcing)[1]하는 방법을 알고 있어야 합니다. 결국, 학생들에게 범매체적 문해력에 대해 가르치고 단순 읽기와 쓰기만이 아닌 현대 사회에서 성공하기 위해 필요한 모든 의사 소통 역량을 개발하고 사용하는 것에 대해 관심을 가지도록 해야 합니다.

요리사가 되기 위해 무엇이 필요한지 생각해 봅시다. 요리사가 되고 싶은 사람이 재료는 직접 손질해보지도 않고 요리책에서 읽은 내용만으로 시험을 본다면 그 사람은 요리를 잘 할 가능성이 희박합니다. 요리 기술은 맛을 이해하고, 어떤 도구를 어떤 목적으로 사용해야 하는지 알고, 요리를 개발하는 다양한 방법에 익숙해야 합니다. 실제로 조리법에 따라 요리를 하기 전까지는 요리하는 방법을 안다고 할 수 없습니다. 진정한 요리사로 불리기 위해서는 요리를 할 수 있는 능력을 보여주어야 합니다. 향신료와 허브를 가지고 실험하는 것이 요리를 배우는 데 방해가 된다고 믿는 교사에게서 학생들은 과연 훌륭한 요리사가 되는 방법을 배울 수 있을까요?

학습에도 동일한 원칙이 적용됩니다. 교사들의 경우에는 트위터를 한번 시도해봅시다. 만약 트위터가 불편하다면, 특정 블로그를 팔로우하거나 인스타그램 계정을 만들어 본다면 요즘 학생들이 어디에 관심을 두는지 그리고 어떻게 소셜 미디어 플랫폼을 강력한 학습 도구로 교실에서 활용할 수 있는지 잘 이해할 수 있을 것입니다.

혁신적인 교사는 학생들이 디지털 기술을 사용하는 방법을 알고 있을지라도 학습에 잘 활용하는 방법은 모를 수도 있다는 것을 이해합니다. 또한 이들은 소셜 미디어를 통한 소통과 연

---

[1] 크라우드소싱 (Crowdsourcing) : 원래의 뜻은 기업의 활동에 대중이 참여할 수 있도록 일부 정보를 개방하고 그 수익을 참여자와 공유하는 경제 용어이다. 그러나 이 책에서는 특정한 주제에 대한 정보를 대중들로부터 수집하여 가장 많은 사람들이 공통적으로 동의하는 답변에 신뢰성을 인정하고 이러한 정보를 더 많은 대중들과 공유하는 것을 의미한다.

결 학습의 의미를 이해하고 소셜미디어와 연결 학습의 강력한 영향력을 인식하고 있습니다.

교사로서 우리는 교실에서 훌륭한 역할을 하고 있는 다른 교육자 네트워크에 참여하고 아이디어와 혁신을 공유할 동료교사 네트워크를 구축하며, 우리가 질문을 할 수 있는 사람들을 목록화해야 합니다. 학생들의 창의적인 아이디어가 학생들의 학습에 실질적으로 도움이 되도록 그들의 생각과 아이디어를 공유할 외부 전문가와 다른 학습자들을 팔로우해야 합니다.

이러한 연결은 로드맵의 역할을 하며 이렇게 연결된 네트워크는 여러분의 개인 셰르파(Sherpa)[1]처럼 가이드가 되어 여러분들의 교실을 더욱 혁신하는 데 도움을 줄 것입니다. 또한 실생활과 연관된 것을 학습하고자 노력하는 것은 역량이 성장하는 과정으로 재탄생하게 될 것입니다. 그것은 마치 음식과 요리에 대해 더 많이 알게 될수록 요리를 더 잘할 수 있는 것과 같습니다.

> "그때는 할 줄 아는 만큼만 했습니다. 이제는 더 많이 알기 때문에 더 잘 합니다."
> – 마야 안젤루 (Maya Angelou)

---

1) 셰르파 (Sherpa) : 티베트어로 '동쪽 사람'이라는 뜻으로 주로 네팔 산악지대에 거주하는 민족으로 고산을 원정하는 사람들을 안내하는 사람들을 지칭한다. (출처 네이버 사전)

Z세대 학습자들의 10가지 특성

일반적으로 "Z세대 (Generation Z)"를 1995년과 2010년 사이에 태어난 사람들로 정의합니다. 그러나 Z세대를 특정한 시기에 태어난 세대로 한정하기보다는 무엇을 배우고 (Learn) 잘못된 습관을 고쳐서 새롭게 배우며 (Unlearn) 그리고 다시 배우려는 (Relearn) 사고방식에 더 가깝다고 보는 주장도 있습니다.

- **참고 :** <u>굵게</u> 표시된 단어는 20쪽의 **'교실수업 활용 아이디어와 용어해설'** 섹션에 정의되어 있습니다.

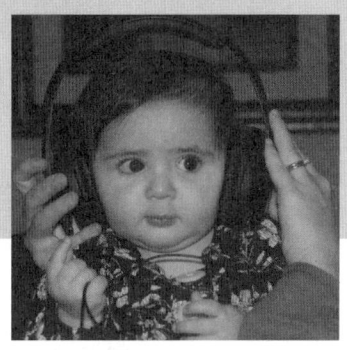

1

그들은 진정한 진정한 최초의 디지털 원주민이며 스마트 폰, 태블릿 및 소셜 미디어를 통해서 세상을 배웁니다.

그들은 역동적이고 서로 소통할 콘텐츠가 필요하며 파워포인트로 발표하는 것 이상의 것을 가능하게 하는 디지털 기술을 기대합니다.

2

시각적 매체(예 : 그림, 이모티콘, 사진 및 영상)를 통해 소통하고 대화합니다.

학생들에게 교실에서 캔바 (Canva), 플립그리드 (Flipgrid) 및 다양한 사진 앱을 사용하는 방법을 검색하고 그림, 도표 및 <u>**인포그래픽**</u>을 사용하여 생각을 공유하고 설명하는 활동을 허용해 봅시다.

Z세대 학습자들의 10가지 특성

3

사회적 기업가 정신으로 의미와 목적이 있는 학습을 선호합니다.

지니어스 시간 (Genius Hour)[1] 또는 **20% 타임 프로젝트 (20% Time Project)**, 실제 창업 활동 등을 통해 학생들의 열정을 키울 수 있습니다.

4

사고는 4차원, 360도 그리고 고화질 영상속에서 이루어집니다.

구글 엑스페디션스 (Google Expeditions)를 수업에서 활용하는 것도 좋은 방안입니다. 더 좋은 방법은 **360도 카메라** (예: Ricoh Theta)를 구입하여 학생들 스스로 **360도 영상 콘텐츠**를 만드는 활동을 하는 것입니다.

5

실습 및 대화식 프로젝트 수업을 선호합니다.

학생들에게 음악, 예술 또는 체육 등과 관련된 프로젝트를 자신의 스타일에 맞게 선택하고 수행하도록 하거나 스크래치 (Scratch)[2] 또는 구글의 CS First (cs-first.com)[3] 와 같은 앱이나 웹사이트를 활용하여 코딩하는 법을 배우도록 해봅니다.

---

1) 지니어스 시간 (Genius Hour) : 학생들이 학과 일정의 특정한 시간을 할애하여 자신이 원하는 주제의 학습 또는 프로젝트 활동을 스스로 하는 것이다. (출처 위키피디아)

2) 스크래치 (Scratch) : 스크래치는 아이들에게 그래픽 환경을 통해 컴퓨터 코딩에 관한 경험을 쌓게 하기 위한 목적으로 설계된 교육용 프로그래밍 언어 및 환경이다. (출처: 위키백과)

3) 구글의 CS First (cs-first.com) : 구글에서 제공하는 무료 Computer Science 및 코딩 커리큘럼 사이트

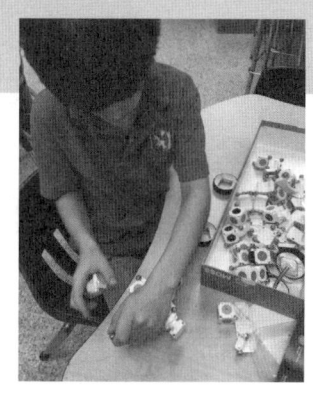

6

짧고 간결한 소통을 선호합니다.

학생들에게 댓글과 후기를 효과적으로 작성하는 방법을 지도해 보세요. **100자 이내로 작문하기** 또는 **여섯 개 단어로 요약하기** 등의 활동을 해보세요.

7

새로운 것을 창조하는 활동을 하고 싶어 합니다.

수업에 **디자인 사고 (Design Thinking)**와 **코딩 (Coding)**을 도입하여 학생들의 역량을 강화할 수 있습니다.

8

사회적 관계의 연결은 국경을 초월합니다.

학생들이 다른 지역에 있거나 다른 관점을 가진 전문가 및 또래집단과 교류할 수 있는 장을 열어주세요. 이를 통해 학습 내용을 크라우드 소싱하고 다른 사람과 공감하고 협업하는 방법을 배울 수 있습니다.

 # Z세대 학습자들의 10가지 특성

9

휴대전화는 스냅챗 (Snapchat), 인스타그램 (Instagram), 하우스파티 (Houseparty) 등의 앱을 통해 세상과 소통하는 사회생활의 허브입니다.

이러한 앱을 안전하게 사용하는 방법을 수업에서 어떻게 소개할 수 있을지 생각해보세요. <u>**북스냅스 (BookSnaps)**</u> 또는 <u>**스냅스토리스 (SnapStories)**</u>를 활용해보세요.

10

전략을 세워 연습하고 반복함으로써 게임처럼 승부에서 이기고 싶어 합니다.

교육에 <u>**게임적인 요소 (Gamification)**</u>를 적용하거나 학생들이 간단히 <u>**스케치 (Sketchnoting)**</u> 하는 것처럼 학습전략을 세우고 이를 통해 이기는 경험을 할 수 있게 해보세요.

학습이론 소개

구성주의 (Constructivism)와 연계주의 (Connectivism)

분명히 Z세대들은 디지털 기술을 통합한 학습을 할 준비가 되어 있습니다. 수업을 설계할 때, 21세기 학습자의 요구와 기대를 충족시키는 동시에 그들의 미래 대비를 돕는 효과적인 지도 방법을 마련하기 위해 구성주의와 연결주의 학습 이론을 어떻게 활용할지 생각해봅시다. 두 이론의 간략한 특징을 요약하고 학습자들의 학습 역량 향상을 위한 두 이론의 활용방안을 정리하면 다음과 같습니다.

구성주의는 학습자는 경험을 통해 지식과 의미를 구성한다는 생각에 기반을 두고 있습니다. 구성주의의 관점에서 학습자는 정보를 활용하고, 정보와 놀며, 새로운 방식을 시도하고, 스스로 (그리고 자신의 방식으로) 문제를 해결하고 다른 견해와 의견을 탐색하고, 개념에 대한 자신의 정의를 도출해야 합니다. 또한 이러한 경험을 반영하여 지식과 앎 (이해)을 구축해야 합니다. 구성주의는 장 피아제 (Jean Piaget)의 인지 발달 이론을 기반으로 인간은 주어진 정보를 통해 억지로 학습하는 것이 아니라 스스로 지식을 축적함으로써 학습해야 한다고 주장합니다.

구성주의에 기반한 교실

- 학생들이 중심이다.
- 활동기반으로 이루어진다.
- 움직임이 많고 활동적이다.
- 학생들이 주도적 학습자가 되도록 안내하고 독려한다.
- 문제기반 학습을 포함한다.
- 실생활의 문제와 개념을 통합한다.
- 학습자에게 성찰의 시간을 준다.
- 사실보다는 의미에 가치를 둔다.
- 학생들의 강점과 약점을 바탕으로 **차별화** (22쪽 참조)된 수업활동을 제공한다.

- 학생들이 이론과 사실을 암기하고 암송하는 것 보다는 학습한 내용을 설명하고 지식을 구축할 수 있는 수업을 지향한다.
- 학생들이 자신의 학습 방향과 과정을 주도적으로 결정하는 수업을 지향한다.

연계주의는 관계와 디지털 네트워크를 통해 학습이 이루어지길 제안합니다. MOOC (Massive Open Online Course)의 창시자인 캐나다 연구원 스티븐 다운스 (Stephen Downes)와 Knowing Knowledge의 저자인 조지 지멘스 (George Siemens)에 의해 발전된 학습이론으로 연계주의에서는 학생들이 다양한 의견을 나누고 주제와 관련된 최신의 정보를 찾아 검증하며 이를 위해 관계와 네트워크를 활용할 때 학습이 이루어진다고 봅니다. 교육자들은 소셜 네트워크가 직접적인 교사 또는 의도하지 않은 교사가 될 수 있는 세상에서 학생들이 어떻게 학습해야 하는지 또 그 학습과정에서 어떻게 비판적으로 사고해야 하는지 반드시 가르쳐야 합니다.

연계주의에 기반한 교실

- 학생들이 전 세계 사람들과 블로그 활동을 통해 소통하는 것을 장려한다.
- 특정한 주제에 대해 공동체의 관심과 열정을 높이는 데 있어 트위터와 같은 소셜 미디어의 힘을 인정한다.
- 학생들이 포트폴리오에 작품을 게시하고 피드백을 수집하도록 한다.
- 학생들이 다른 나라의 또래들과 협동하여 글을 쓰도록 장려한다.
- 스카이프나 행아웃 (또는 구글미트)으로 연결될 학생들이 사는 곳이나 다른 일반적인 장소에 대해 궁금해 할 때 **미스터리 행 아웃** (또는 미스터리 스카이프)을 활용한다.
- 학생들에게 온라인을 활용하여 정보를 효과적으로 찾고 검증하는 방법을 교육한다.
- 학생들이 트위터, 인스타그램 및 블로그를 통해 다양한 의견을 표출하는 것을 장려한다.
- 학생들에게 새롭고 중요한 학습 채널을 찾는 방법을 안내한다.

시각화, 의견 제시, 공유

이 책을 통해서, 여러분들은 **학생들의 생각을 시각화**하고 **모든 학생에게 자신의 의견을 낼 수 있는 기회를 제공**하며 **자신이 작업한 내용을 서로 공유**하도록 학습 지원을 하는 이 세가지 핵심 아이디어가 교육의 필수 사항이라는 것을 알게 될 겁니다. 지난 20년간 디지털 기술을 융합한 수업을 하면서 저희가 내린 결론은 교육자들이 다음의 질문들을 스스로에게 물을 때 비로소 교육과 테크놀로지의 통합이 효과적으로 이루어진다는 것입니다.

- 학생의 생각을 어떻게 시각화할 수 있을까?
- 학생 개개인의 목소리를 듣기 위해 어떻게 디지털 기술을 수업에 활용할 수 있을까?
- 학생들이 서로에게 배울 수 있도록 활발한 공유활동을 어떻게 장려할 수 있을까?

학습자들이 디지털 기술을 사용하여 필기를 하거나 논문을 쓰도록 하는 것은 학생들에게 단순히 편의를 제공하려는 것이 아닙니다. 디지털 기술이 단순히 펜과 종이를 대체하기만 한다면 테크놀로지를 사용한 교육 현장의 혁신이 제대로 이루어졌다고 말할 수 없습니다. 저희의 목표 (여러분들의 목표가 되기를 희망하며)는 학습자들의 학습 수준과 단계에 대한 이해를 바탕으로 기존의 지도 방식을 바꾸어 **학생들의 학업 성장과 성공을 돕는 방향으로 테크놀로지를 사용하는 것**입니다. 곧 사고와 학습이 시각화 되어야 한다는 것을 의미합니다.

학습자의 사고 및 학습을 시각화하기

과거에는 교실내에서 모든 학생의 의견을 들을 시간이 없었기 때문에 학습자들의 생각을 시각화하는 것이 어려웠습니다. 그러나 오늘날의 기술력 덕분에 학습자들이 아는 것과 모르는 것이 무엇인지 알기 위해 그들의 머릿속을 들여다보는 것이 쉬워지고 있습니다. 학습자들은 자신의 생각과 경험 등을 기록하고 표현하는 데 도움이 되는 앱을 사용함으로써 통찰을 보여줄 수 있습니다. 바람직하고 인지적인 모든 학습은 어떻게 자기의 사고에 대해 생각 (메타인지, 23쪽 참조)할 수 있는지에 그 기본을 두고 있기 때문에 매우 중요합니다. 다행히도 Z세대 학습자들은 새로운 생각과 개념을 학습하고 (Learn), 잘못된 부분은 올바르게 고쳐 배

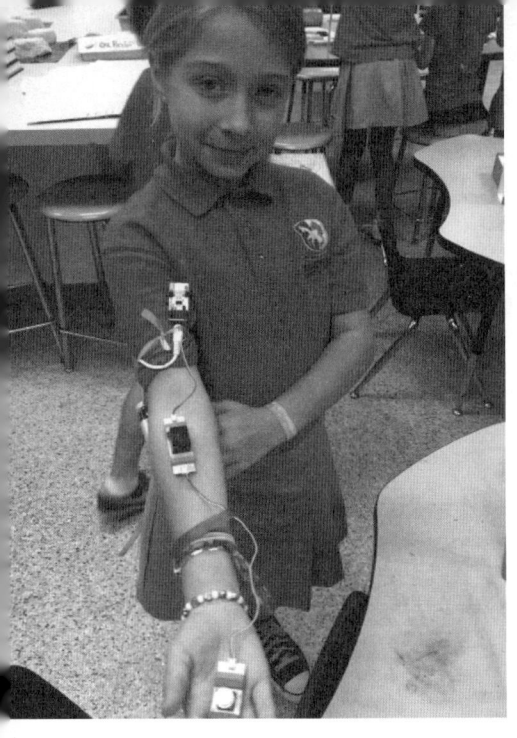

우고 (Unlearn), 다양한 매체를 활용하여 반복하여 학습 (Relearn)할 수 있는 특징이 있습니다. 우리의 정보 환경은 빠르게 변하고 있기 때문에 이러한 역량의 중요성이 점점 커지고 있으며 교사들이 가르쳐야 하는 필수요소가 되고 있습니다.

그러나 학습자가 자신에게 가장 알맞은 학습 방법을 이해하려면 먼저 '생각하는 일상 활동'이나 학습 과정에서 생기는 다양한 의문들을 제기하는 경험을 통해 자기의 생각을 시각화 하는 방법을 먼저 배워야 합니다. 론 리치 하트 (Ron Ritchhart), 마크 처치 (Mark Church), 카린 모리슨 (Karin Morrison)의 저서 '생각을 시각화하기 (Making Thinking Visible)'는 이러한 생각하는 일상 활동들 중 사고하는 과정의 근본을 발견하고 교실에서 사용할 수 있는 많은 활동을 소개하고 있습니다. 이 책에서는 "나는 ...라고 생각했었지만 지금은... 라고 생각한다."라는 예를 통해 학습자들의 사고방식이 어떻게 바뀌었는지 보여줍니다. 여기에서 핵심은 이러한 사고의 과정을 교실의 구조에 반영하여 직관적으로 학습자의 사고 과정을 활성화하고 이를 학습에 대한 성찰과 연결한다는 점입니다. 이 책에서는 학습 성찰을 심화하고 학습자들이 자신의 생각과 학습과정을 더 잘 이해할 수 있도록 돕기 위해 테크놀로지를 쉽게 활용할 수 있는 방법을 제시합니다. 보다 심도 있는 학습을 가능하게 하고 학습자들이 자신의 사고 및 학습 과정을 더 잘 이해하는 데 도움이 되는 방식으로 디지털 도구와 쉽게 통합하는 방법을 보여줍니다.

생각하는 일상 활동은 학습의 결과물이 아니라 이해의 과정임을 학습자들에게 상기시켜야 합니다. 그 과정에서 교사들은 학생들이 학습하고 있는 내용 뿐만 아니라 이해하는 데 어려움을 겪는 부분과 쉽다고 생각하는 부분이 무엇인지, 어떤 학습 방법이 효과 있었고 없었는지, 그리고 스스로 자신의 학습 목표에 도달했다고 생각하는지 등을 보여줄 수 있도록 격려하고 안내해야 합니다. 이때 학생들은 그들이 학습 목표에 도달했다는 것을 보여주기 위해 자신이 학습한 내용을 설명할 수 있어야 합니다. 우리는 이렇게 자신이 학습한 내용을 설명하고 시연하는 것을 '학습 평가'라고 합니다. 학습자들은 이러한 학습의 설명과 시연을 학습 과정 전반에 걸쳐 수행해야 하고 이를 통해 최적화된 학습에 대한 통찰력을 얻을 수 있게 되는 것입니다.

대체적으로 교실에는 디지털 기술이 가득합니다. 이 책에서 논의되는 아이디어와 도구들을 활용함으로써 학생들이 자신의 생각과 이해도를 빠르고 효율적으로 보여줄 수 있고 자신에게 알맞은 디지털 기술을 활용하는 데 도움이 될 것입니다.

학습자의 의견과 목소리 (Student Voice)

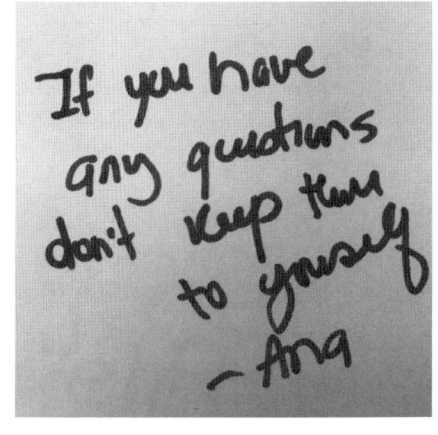

"질문이 있다면 마음에 담아두지 마세요."
- 에나 선생님

여러분들의 학창 시절을 떠올려 보세요. 그때 선생님의 질문에 먼저 손을 들고 대답하던 4~5명의 학생들이 있었을 겁니다. 결과적으로 선생님은 이 학생들 외의 나머지 학생들의 학습 과정에 대해서는 매우 제한적 정보를 가질 수밖에 없었다는 겁니다.

모든 학생의 적극적인 참여에 대한 문제를 떠나서, 기존에 사용하던 빈칸 채우기나 정답 고르기와 같은 평가는 학습과제 완수 여부 외의 개개인 학습자의 학습에 관한 정보를 얻고 이해하는 데 많이 부족합니다. 학생들의 답안에만 근거해서는 학생들이 어떻게 결론을 도출했거나 무엇을 이해하고 있는지 알기는 어렵습니다.

그러나 디지털 기술 덕분에 이제 교실에 있는 모든 학습자들, 심지어 너무 수줍고 부끄러워해서 크게 답을 말하지 못하는 학생들에게 질문을 할 수 있고 그들의 목소리를 들을 수 있게 되었습니다. 이는 열성적으로 대답과 발표를 하는 학생들에게 답변을 수집하는 데 걸리는 시간보다 짧은 시간인 약 2분 안에 수행할 수 있으며 심지어는 답변을 수기로 작성하는 데 걸리는 시간보다 더 짧은 시간 내에 할 수 있습니다.

[다음의 링크를 클릭하시면 생각하는 일상 활동 (Thinking Routine)에 대한 가이드와 안내자료를 영문으로 볼 수 있습니다. Bit.ly/GICThinking]

시각화, 의견 제시, 공유

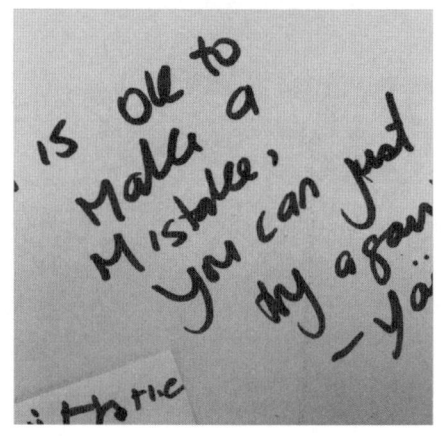

"실수를 해도 괜찮아요. 다시 시도하면 되니까요!"

우리가 어렸을 때, 선생님들은 시험문제지를 주시고 질문에 대한 답안을 종이에 작성한 후 선생님께서 걷어 가실 때까지 작성한 답안을 뒤집어 놓으라고 하셨습니다. 이는 마치 선생님만 봐야 하는 일급비밀을 공유하는 것과 같았습니다. 이후 제출한 답변에 대한 선생님의 피드백을 받기까지 며칠이 걸렸고 선생님이 시험 채점 후 학생들이 해당 수업을 얼마나 잘 이해했는지를 파악할 때 쯤이면 이미 해당 단원 수업은 끝난 지 오래되었던 기억이 있습니다. 안타깝게도 선생님이 답안을 걷어 가시는 시간조차 학생들의 학습시간을 낭비하는 결과가 되었습니다. 다행히도 오늘날의 디지털 기술과 도구들은 이 모든 상황을 변화시켜왔습니다.

만약 여러분이 학습의 매우 중요한 부분에서 모든 학습자의 목소리를 듣고 있지 않다면 그것은 디지털 기술을 최대한 활용하지 못하는 것일 수도 있습니다. 그러나 희소식은 이제 이 모든 것이 가능하게 되었다는 것입니다. 예를 들어 소크라티브 (Socrative)와 같은 앱을 사용하면 모바일 앱에서 "빠르게 질문하기"를 선택할 수 있습니다. 학생들은 가상의 교실에 입장하여 화면에 보이는 질문에 빠르게 답변할 수 있습니다. 학생들의 답변이 스크린을 채워 나감에 따라 선생님은 학생들이 무엇을 배웠으며 어느 부분에서 이해가 부족한지를 쉽게 확인할 수 있습니다. 이러한 정보를 통해 선생님은 학습자 개개인의 요구와 필요에 따라 실시간으로 수업을 수정할 수 있습니다.

학습자의 학습내용 공유

교사가 학생들과의 수업을 향상하기 위해 디지털 기술을 사용할 때, 학생들의 학습뿐만 아니라 여러 방면에 중대한 영향을 미칠 수 있습니다. 예를 들어 학생들의 활동 내용을 공유하는 데 있어 패들렛 (Padlet), 소크라티브 (Socrative) 및 시소 (SeeSaw)와 같은 비주얼 씽킹 (Visual Thinking) 앱을 통합시킴으로써 학생들은 같은 반 친구들의 응답을 보고, 답변을 비교하며, 자기의 생각을 교정할 수도 있으며 더 나아가 게시된 답변을 통해서도 의미 있는 학습이 일어날 수 있습니다. 이러한 공유과정에서 학습자들은 자신의 사고에 대해 생각하게 되며 이때 **메타인지 (Metacognition)**[1] 상태에 빠져드는 것입니다.

---

1) 메타인지는 "인식에 대한 인식", "생각에 대한 생각", "다른 사람의 의식에 대해 의식", 그리고 고차원적으로 생각하는 기술이다. (출처: 위키백과)

전통적인 수업의 관점에서는 학생들이 서로의 응답이나 답변을 보게 한다는 것이 불편할 수도 있습니다. 그러나 이것은 학습에 대한 그릇된 생각이며 변화해야 할 부분입니다. 학습 과정에서 학생들의 활동 내용을 숨기는 것은 구성주의 이론의 근간인 "학습자는 학습의 경험으로부터 지식과 의미를 구성하고 축적한다."는 주장을 무시하는 것입니다.(13쪽 참조) 즉, 학습자들은 서로에게서 가장 잘 배우며, 다른 학습자의 답변을 보는 것은 마치 어두운 방에서 전구가 켜지는 것과 같은 중요한 "아하"의 순간 (Light Bulb Moment)이 될 것입니다.

또한, 학생들은 자신의 활동 내용을 선생님 외에 다른 사람이 볼 수 있다는 것을 알게 될 때 좀 더 잘하고 싶어 합니다. 학생들은 교실 안 또는 교내 심지어 온라인을 통해 전 세계와 자신의 활동 내용을 공유한다는 것을 알게 되면 더 비판적이고 신중하게 시간을 들여 답변을 작성하고 활동에 참여할 것입니다.

학습자의 사고를 시각화하고, 테크놀로지를 사용하여 모든 학생의 의견을 듣고, 학습자 자신의 학습활동 내용을 공유할 수 있게 하는 세 가지 핵심 아이디어를 교육에 접목한다면 학생들은 자기의 학습하는 방식에 대한 이해를 강화하고, 이를 통해 학습 성장에 긍정적인 영향을 받습니다. 결국 학생들은 학습을 하면서 배우게 되는 것입니다. 선생님이 이러한 세 가지 핵심 아이디어를 함께 적용하는 동시에 학습자가 자신의 학습 과정을 성찰하고 자신이 어떻게 원하는 목표에 도달하였는지 등을 설명하는 학습 데모 활동을 하는 과정에서 마법과 같은 일이 일어나게 되는 것입니다. 그것은 바로 디지털 기술이 문서작성이나 인터넷 검색 기능을 뛰어넘어 강력한 힘을 발휘한 결과이고 이는 결국 학습의 과정을 확장하는 것을 의미합니다.

교실수업 활용 아이디어와 용어해설

책을 읽어 감에 따라 몇 가지 익숙하지 않은 용어를 보게 될 것입니다. 책의 내용에 대한 이해를 돕기 위해 참조가 될 만한 교실 수업활용 아이디어와 용어들을 아래와 같이 간단하게 설명하고자 합니다.

100 단어 도전 (100 Word Challenge) 100WC.net

매주 화면에 주어지는 그림이나 단어들을 조합하여 독창적인 글쓰기에 도전할 수 있는 사이트입니다. 학습자들은 100개의 단어 이내로 작문을 한 후 100 단어 도전 (100WC.net) 웹사이트에 업로드하여 공유하게 됩니다. 또한 전세계의 학습자들이 작성하여 올린 글들을 보고 댓글을 달 수 있습니다. 자세한 사항은 웹사이트에 소개됩니다.

20% 시간 (20% Time)

"20% 시간" 개념은 원래 구글사가 직원들의 근무 시간 20%를 개인의 관심사와 관련된 특별한 프로젝트에 할애한 회사 문화에 그 기반을 두고 있습니다. 오늘날 많은 학교들이 이 정책을 적용하여 수업시간의 20%를 학습자의 열정을 담는 프로젝트와 학생 주도 연구 수행에 할애하고 있습니다.

360도 영상 (360-Degree Videos)

사용자는 터치스크린에서 화면을 터치하거나 마우스 조작을 통해 화면을 밀면서 360도의 영상을 볼 수 있습니다. 영상의 한 부분만 집중하여 보는 대신에 화면을 움직임으로써 영상에 담는 사람이나 사물의 주변뿐만 아니라 360도 전체 영상을 시청할 수 있습니다. 다음의 링크 (bit.ly/GICExamples)를 통해 메가코스터의 360도 영상을 볼 수 있습니다.

북스냅스 (BookSnaps)

북스냅스는 학습자들이 읽기 과정을 참여하는 데 도움이 되는 완벽한 방법입니다. 소셜네트워킹 앱으로 유명한 스냅챗 (Snapchat)을 활용하며 단순히 메시지를 확인하고 읽는 수준을 넘어 서로 소통하고 (여기서 소통은 단순히 인간과 인간 간의 소통뿐만 아니라 다양한 콘텐츠와의 소통을 포함합니다.) 자기의 의도와 생각을 표현하기 위해 낙서와 같은 삽화를 그리는 등 이미지를 활용하여 또래와 공유할 수 있습니다. 또한 가장 좋아하는 인용구의 사진을 찍어 단어나 이미지 (bitmoji app활용) 또는 유행어 (밈, Meme)를 사용하여 그 의미를 강조할 수 있습니다. 저학년 학습자들을 위해서는 대신 시소 (SeeSaw) 앱을 사용할 수 있습니다. 북스냅스를 활용한 창의적인 활동에 대한 자세한 내용은 해시태그 #BookSnaps나 개발자인 타라 마틴 (Tara Martin)의 트위터 (@TaraMartinEDU)에 올린 글들을 참고할 수 있습니다.

클릭앤리슨즈 (Click and Listens)

비트모지 (bitmoji)는 자신의 캐릭터로 이모티콘을 만들 수 있는 앱입니다. 학습자들은 비트모지 (bitmoji)를 활용하여 자신의 아이디어나 감정, 생각 등을 재미있고 창의적인 방식으로 전달할 수 있으며 이를 통해 의사소통에 도움이 됩니다. 또한 크롬 확장 프로그램 (Chrome Extensions)[1] 중 톡앤코맨트 (Talk and Comment)를 설치하여 자신이 표현하고자 하는 내용을 녹음한 후 목소리와 함께 공유할 수도 있습니다. 톡앤코맨트를 통해 자신의 의견을 녹음한 후 생성된 url 링크를 자신의 비트모지 (bitmoji)나 다른 이미지에 하이퍼링크[2]로 추가하여 활용할 수 있습니다.

코딩 (Coding)

코딩은 컴퓨터 소프트웨어, 앱 및 웹 사이트를 만들 때 사용하는 프로그래밍 언어를 이용해 작성한 일련의 지침 또는 규칙입니다. 코딩은 if / then 시나리오를 기반으로 비판적 사고와 이해를 촉진합니다.

---

1) 크롬 확장 프로그램 (Chrome Extensions) : 크롬 브라우저에 새로운 기능을 추가하거나 인터넷 탐색 환경을 맞춤 설정할 수 있도록 크롬 웹 스토어에서 무료 또는 유료의 크롬 확장 프로그램을 다운로드 받거나 크롬에 추가할 수 있다.

2) 하이퍼링크 (Hyperlink) : 단어나 기호, 그림 등을 문서 내의 다른 요소나 다른 문서로 연결해 놓은 것으로 이 부분을 마우스로 클릭하면 지정된 위치로 이동한다. (출처 구글 사전)

디자인 싱킹 (Design Thinking)

디자인 싱킹는 문제를 해결하고 해결책을 찾는 데 사용되는 공감을 기반으로 인간 중심 또는 학습자 중심으로 사고하는 과정입니다. 북미의 많은 학생들과 학교들은 스탠퍼드 디자인 학교에서 제시하는 디자인 싱킹 모델을 사용합니다.

차별화 (Differentiate)

차별화 교육은 형성 평가를 통해 학습자가 현 학습 과정에서 어느 단계에 있는지 파악한 후 학습자 개개인의 학습 성향과 성장 궤적에 맞게 수업과 수업자료를 디자인해야 한다는 생각을 기반으로 합니다. '차별화된 학교 (The Differentiated School)'의 저자인 교육학 박사 캐롤 앤 톰린슨 (Carol Tomlinson)은 차별화 교육을 "교실에서의 학생들의 학습 속도 차이에 대한 적극적인 관심과 이를 위한 전략과 계획"이라고 정의하고 있습니다.

게임화 (Gamification)

게임화란 게임 전략과 게임 디자인 기법을 교실에 적용하여 학습자에게 동기를 부여하고 수업에 적극 참여하도록 하는 것을 의미합니다.

구글 엑스페디션즈 (Google Expeditions)

구글 카드보드 (Google Cardboard)와 구글 엑스페디션즈 (Google Expeditions)앱 덕분에 학생들은 교실을 떠나지 않고도 현장학습을 할 수 있게 되었습니다. 구글 엑스페디션즈 (Google Expeditions)앱을 통해 박물관, 주요 명소, 수중 및 우주 공간과 같은 장소들을 가상으로 여행할 수 있게 되었고 최근에는 100여 개 이상의 장소를 가상으로 방문할 수 있는 콘텐츠를 제공하고 있습니다.

하이퍼닥스 (HyperDocs)

하이퍼닥스 (HyperDocs)는 구글 문서 (Google Docs)를 기반으로 하며 특히 수업을 설계하는 데 있어 문서 안에 선별된 링크를 삽입하여 학생들이 쉽게 해당 링크의 자료를 참조하고 탐색할 수 있습니다. 이를 통해 다양한 매체와 수업자료를 하나의 문서에 담을 수 있으며 단순히 학생들이 배울 내용만 담는 수업자료가 아니라 학생들의 학습과정에 중점을 둔 안내자료로 활용될 수 있습니다. 이를 통해 무엇을 배울 것인가 보다 어떻게 배울 것인가에 중점을 두는 학습 경험을 학습자들에게 제공할 수 있습니다. 인터넷상의 수많은 자료를 활용해 봅시다. (좀 더 대한 자세한 내용은 리사 하이필 (Lisa Highfill), 캘리 힐튼 (Kelly Hilton) 및 사라 랜디스 (Sarah Landis)가 작성한 'HyperDoc 핸드북' 13쪽을 참조하세요.)

인포그래픽스 (Infographics)

인포그래픽스는 데이터 또는 특정 정보를 읽기 쉽게 시각적으로 나타낸 이미지들입니다.

인서트러닝 (InsertLearning)

구글 크롬 확장 프로그램 (Chrome Extensions)으로 모든 웹 사이트를 대화형 수업으로 바꿀 수 있고, 유튜브 동영상, 질문 또는 다양한 미디어 자료를 추가할 수 있습니다. 이 확장 프로그램을 통한 수업은 학생들에게 토론 및 차별화 학습의 기회를 제공할 수 있게 됩니다.

학습일지 (Learning Journals)

학습일지를 활용함으로써 학습자들은 자신이 학습한 내용을 점진적으로 추적할 수 있고 학생과 교사 모두 학습의 진행 과정에 대한 정보를 장기적이고 종적으로 얻을 수 있습니다.

메타인지 (Metacognition)

그리스어 그대로 번역된 메타인지는 의미 이상의 것을 의미합니다. 그것은 학습을 넘어 인간의 사고 과정에 대해 인식하는 것이며 간단히 말하자면 사고 (생각하는 것)에 대해 생각하는 과정입니다.

다중지능 (Multiple Intelligences)

하버드 대학교의 하워드 가드너 (Howard Gardner) 박사는 인간은 단일한 지능 (IQ) 대신 정보 처리 방식이 각각 다른 많은 유형의 지능을 보유하고 있다고 제안했습니다. 이러한 지능에는 언어, 논리-수학, 시각-공간, 음악, 자연, 신체-운동, 대인 관계 지능 등이 포함됩니다.

미스터리 행아웃 (Mystery Hangouts)

미스터리 행아웃 (Mystery Hangouts 또는 미스터리 스카이프 (Mystery Skype))은 다른 위치에 있는 두 개의 교실 간의 학습을 연결할 수 있습니다. 이 때 서로의 교실 위치를 추적할 수 있는 일련의 질문들을 만들고 답하며 서로 다른 교실 또는 학교의 위치를 지능적으로 추론할 수 있습니다. 학생들은 상대방 학교 학생들의 위치를 알아내기 위해 지리적 지식, 비판적 사고 및 추론 기술을 적용하고 사용하게 됩니다. 대부분은 스무고개와 유사한 활동을 통해 서로의 지리적 위치에 대한 정보를 얻고자 번갈아 가며 질문하고 답하는 방식으로 진행됩니다.

철학의 의자 (Philosophical Chairs)

토론과 마찬가지로 철학의 의자는 지식 구성을 중심으로 구축된 신체 활동입니다. 먼저 학생들에게 동의, 동의하지 않음, 중립 중 하나를 선택해야 하는 주제나 질문을 제시하는 것부터 시작합니다. 그 다음 학생들은 주어진 주제나 질문에 "동의함", "동의하지 않음" 또는 "중립" 여부를 결정한 후 지정된 곳에 서거나 앉습니다. 한 번에 한 사람씩, 학생들은 자신의 의견이 옳다는 것을 상대방에게 설득합니다. 이 때 상대방의 주장을 들으며 자신의 견해를 바꾸고 자리를 옮길 수 있습니다. 이 흥미로운 활동은 일반적으로 약 20분 정도 진행되며 간단한 생각의 정리와 요약 또는 성찰 활동과 함께 마무리됩니다.

읽기 유창성 일지 (Reading Fluency Journals)

학습자는 앱 화면에 보여지는 지문을 읽고 녹음함으로써 자신의 읽기 유창성을 길러갈 수 있습니다. 특히 익스플레인 에브리씽 (Explain Everything) 앱을 추천합니다.

포인터 도구를 사용하여 자신이 읽은 부분을 확인하며 동시에 발췌된 부분을 크게 읽고 녹음할 수 있습니다. 이 활동을 반복하면서 자신의 읽기 능력의 종적인 발전 상황을 장기간에 걸쳐 확인할 수 있습니다.

리코 세타 (Ricoh Theta)

리코 세타 (Ricoh Theta)는 360도 사진을 찍거나 360도 동영상을 녹화하는 카메라입니다. 대부분의 카메라 제어 기능은 스마트 폰 앱으로 제공되며 셀카스틱이나 삼각대를 사용하여 카메라를 다른 위치에 배치한 다음 휴대 전화에서 앱을 열어 사진이나 영상을 찍을 수 있습니다. 그 후 찍은 사진이나 동영상 콘텐츠는 스마트폰의 앱을 통해 게시하거나 공유할 수 있습니다.

화면 녹화 (Screencasts)

화면 녹화 (또는 화면 캡처)는 컴퓨터 화면을 녹화하는 것으로 화면을 통해 무엇을 보고 있고 어떤 생각을 하고 있는 지를 설명할 수 있습니다.

6-단어 요약 활동 (Six-Word Summaries)

학습자는 자신의 학습 활동, 생각 또는 정보를 간결하게 요약하기에 가장 적절한 6개의 단어를 선택하여야 하고 이를 위해 비판적으로 생각해야 합니다.
- 예시 활동 : 좋아하는 책을 여섯 단어로 요약하기

스케치노트 (Sketchnoting)

스케치노트 (Sketchnoting)는 학습자가 프로크리에이트 (ProCreate)[1] 와 같은 앱을 통해 정보나 테마를 글과 이미지를 활용하여 좀 더 효과적으로 표현할 수 있게 하는 기법입니다.

---

1) 프로크리에이트 (ProCreate) : iOS 기반의 디바이스용 앱으로 그래픽 편집기이다.

스냅스토리스 (SnapStories)

스냅스 (Snaps)를 통해 특정한 날에 올려진 내용들 (대부분 사진들)로 스토리를 구성해 보는 활동으로 스냅스는 학습자가 작문 활동을 하는데 영감을 주며 브레인스토밍 역할을 하게 됩니다.

학생 주도 프로젝트 (Student Agency)

이것은 학생들이 스스로 학습에 대해 생각하고, 질문하고, 성찰하고, 창조함으로써 학습의 주도권을 갖게 되는 심층 학습의 한 형태입니다. 이 활동은 또한 개별화 수업의 하나로 학생이 자신에게 맞는 학습 목표와 경로를 스스로 정하고 교사는 안내자로서의 역할을 수행하게 됩니다.

비디오 성찰 일지 (Video Reflective Journals)

비디오 성찰 일지는 학습자가 자신의 학습 활동을 마치 일기와 같이 기록한 모음집으로 학습자의 사고, 독해력, 언어 또는 내용 습득에 대한 학습 성찰을 영상에 담는 것입니다. 시간이 지남에 따라 학습자들은 이 일지를 다시 참조해 볼 수 있습니다. 이때 화면 녹화 (Screencasting) 또는 익스플레인 에브리씽 (Explain Everything)을 사용하여 성찰한 내용을 녹화 또는 녹음한 후 북크리에이터 (Book Creator)에 담는 활동을 추천합니다.

단어 학습 (Word Studies)

단어 학습은 서로 연관 없는 단어들을 단순히 암기하는 것이 아니라 단어 패턴 학습 방식을 기반으로 한다는 점에서 기존의 단어 철자 교육에 대한 대안으로 사용됩니다. 자세한 내용은 ReadingRockets.org를 참조해 봅니다.

깊게 생각해볼 문제
어떻게 테크놀로지가 학습을 향상시킬 수 있을까?

여러분이 테크놀로지를 교실 수업에 통합하기 전에 다음과 같은 질문들을 스스로에게 해보기를 권합니다.

1 나의 목표는 테크놀로지를 가르치는 것인가? 학습 내용을 전달하는 것인가?

2 테크놀로지를 수업에 활용하는데 가장 알맞은 학생 수는 어떻게 되며, 디지털 기술을 수업에 활용하는 것이 학생들의 학습 역량을 강화하는 데 도움이 되는가?

3 모든 학생이 같은 프로젝트를 수행하는가? 그렇다면 수업을 위해 선택한 디지털 도구는 개별 학습자가 학습 목표를 이해하고 설명하는 데 가장 좋은 방안인가?

4 학생들의 협업, 또는 비판적 사고와 같은 역량을 강화하기 위해 디지털 기술을 사용하고 있는가? 이 디지털 도구는 학생들의 지적 호기심을 자극하고 창작 활동을 하는 데 도움이 되는가?

5 디지털 기술을 통해 학생들의 학습과 성장에 대한 풍부한 정보를 얻을 수 있는가? 이 프로젝트를 통해 나는 학습자에 대해 새롭고 통찰력있는 정보를 수집할 수 있는가?

6 디지털 기술과 교실수업을 통합하는 것은 단지 테크놀로지를 교실에 도입하기 위한 것인가? 아니면 나의 수업을 좀 더 강력하고, 협력적이며 교실밖에서도 더 쉽게 접근할 수 있도록 하기 위한 것인가?

7 내가 학생일 때 공부하던 물리적 교실에서는 불가능하다고 생각했던 것을 나의 학생들은 할 수 있도록 하기 위해 디지털 기술을 활용하는가?

8 학생들에게 도구 사용법에 대한 안내를 하였는가? 좋은 디자인이 무엇인지 학생들은 알고 있는가? 글꼴에 대해 학생들과 이야기를 나누어 본 적은 있는가? 학생들은 통찰력 있고 의미 있는 의견을 제시하는 방법을 알고 있는가?

9 학생들이 온라인에서 정보를 효과적으로 검색하고 검증하는 방법을 알고 있는가?

10 학생들에게 소셜 미디어와 블로그 게시물을 작성하게 하는 것이 학습 동기와 호기심을 어떻게 자극하는지 알고 있는가?

설계를 통한 이해 (UbD)

설계를 통한 이해 (Understanding by Design, UbD)는 교사가 수업을 백워드로 설계해야 한다는 신념에 근거합니다. 먼저 **원하는 결과를 인식하고 수용 가능한 증거들을 설정하여 그에 따라 학습 경험과 교육을 계획하는 3 단계 과정**입니다. 이러한 체계는 교사들에게 학습자 개개인이 학습목표를 향해 서로 다른 방식으로 접근할 수 있다는 것을 허용하는 유연성을 갖게 합니다. 먼저 학생들이 스스로 만든 질문이나 단원정리를 위해 교사가 미리 준비한 질문, 학생들이 학습하고 검색해야 하는 필수 질문들을 나열해 보는 것부터 시작할 수 있습니다.

2012년 3월에 발간된 ASCD UbD 백서[1]에 따르면, "백워드 디자인은 교사와 교육과정 개발자가 특정 단원과 수업을 디자인하기 전에 먼저 자신을 평가자 입장에 놓고 시작하기를 권장합니다. 우리에게 필요한 평가 증거는 우리가 원하는 결과를 반영하고 식별 가능한 것이어야 합니다."

학습자는 자신의 학습 목표에 대한 이해와 발전 과정을 보여줄 수 있어야 하며 설계를 통한 이해 (UbD) 체계에 따라 다음과 같이 여섯 가지 이해 관점에서 이를 수행하게 됩니다.

1. 학습 목표를 **설명**할 수 있다.
2. 학습 목표를 **해석**할 수 있다.
3. 학습 목표를 학습 과정에 **적용**할 수 있다.
4. **다른 관점을 이해** 할 수 있다.
5. **다른 관점에 대한 공감**을 나타낸다.
6. 자료와 학습에 대한 **메타 인지적 인식**을 보여준다.

맥티그 (McTighe)와 위긴스 (Wiggins)는 **학습자의 주요 목표는 '학습의 전이'와 의미 있는 학습 경험을 만드는 것**이라고 설명합니다. 이 체계는 교사들이 탐색하고 원하는 결과에 접근하는 방식과 학습을 바라보는 방식, 그리고 다음의 네 섹션의 기본이 될 것입니다.

---

[1] McTighe, Jay 와 Grant Wiggins, "디자인 프레임 워크에 의한 이해" ASCD.org

학습을 위한/ 학습으로서의/ 학습에 대한 평가

교실 수업과 테크놀로지와의 효과적인 통합을 위한 로드맵을 시작하기 전에 학습을 위한 평가, 학습으로 서의 평가 그리고 학습에 대한 평가에 대해 다음과 같이 분석해보고자 합니다.

학습을 위한 평가 (Assessment For Learning)

학습을 위한 평가 또는 형성 평가를 다음과 같이 정의할 수 있습니다. 이는 학생들이 학습을 하는 과정에서 현재 어디에 있는지 이해하는 데 도움이 되는 평가입니다. 그러나 이러한 평가는 등급을 매기지 않습니다. 오히려 평가가 제대로 수행되면, 학습자는 현재 학습 과정 중 어떤 위치에 있고 목표 성취를 위해 어떤 도움과 개입이 필요한지를 실시간으로 교사와 학습자 모두에게 지속적으로 알려줍니다. 이러한 평가를 통해 교사는 학생들이 집중해야 할 영역과 교실 수업에서 조정해야 할 부분, 수업의 수정을 위해 개입할 최적의 시기 파악할 수 있는 통찰력을 갖게 됩니다.

학습으로서의 평가 (Assessment As Learning)

학습으로서의 평가는 학습자가 자기의 학습 진행 상황을 성찰하고 모니터링하기위해 수행하는 지속적인 평가입니다. 스크린캐스티파이 (Screencastify)와 같은 도구를 사용하여 자신의 학습에 대한 성찰과 진행 과정을 녹화함으로써, 자기의 학습 과정에 대해 생각해보고, 자신의 생각을 시각화하며, 개인의 학습 목표를 달성할 책임을 갖게 됩니다. 이러한 유형의 평가를 수행함으로써 학습자는 다른 사람들에게 피드백을 요청하거나 반대로 피드백 요청을 받을 수 있습니다. 이 피드백은 자신의 강점과 부족한 부분이 무엇인지 이해하는 데 매우 중요합니다.

학습에 대한 평가 (Assessment Of Learning)

학습에 대한 평가는 학습자의 학습 결과물에 대한 "요약 평가"입니다. 이 경우, 정해진 학습 목표에 대한 학생들의 이해를 확인하기 위해 미리 설정된 학습 기준에 따라 학생의 학습 결과물을 평가합니다. 일반적으로 학생들의 학습 결과물과 창작한 결과에 대한 평가는 객관식 문제를 바탕으로 한 평가보다 학습자의 학습 및 개인 성장에 대해 더 깊이 이해할 기회를 제공합니다.

고려 사항 : 일반적으로 요약 평가는 각 단원의 마무리 부분에서 진행하며 다른 학습자들의 학습 진행 수준을 기준으로 표준화된 숙련도를 검토하여 수행됩니다. 그러나 모든 학생들을 대상으로 같은 질문을 하고 동일한 학습 목표를 적용하기 보다는 학습자 개개인의 스케일에 맞는 성장에 중점을 두어야 합니다. 일단 교사는 단원의 시작부분에서 학생들이 무엇을 알고 있는 지를 알아낸 후에 학습자 개개인의 개별 학습목표를 설정해야 합니다. 이를 통해 교사는 모든 학생에게 동일한 결과를 기대하며 학생 주도 프로젝트나 포트폴리오에서 얻은 학습 결과 마저도 백분율로 표시하던 기존의 평가 관행에서 벗어나 잘 정의된 개별 학습 목표를 기준으로 각 학습자의 성장을 평가할 수 있게 됩니다

 교육학에 기반한 디지털 도구 활용의 실제

잘 계획된 수업 설계는 훌륭한 교육의 기초가 됩니다. 앞에서 논의했듯이, 학습자의 이해 정도에 대한 교사의 통찰력이 뛰어날수록 학습자의 요구에 맞는 학습 경험을 더 잘 설계할 수 있습니다. 다음 섹션에서는 학습자의 사고를 시각화하기 위해 디지털 도구들을 어떻게 활용할 것인지 살펴볼 것입니다. 교사는 먼저 학생들의 의견을 모을 수 있는 도구를 사용하여 형성 평가를 시작합니다. 교사는 형성 평가를 통해 수집된 데이터를 통해 학생들이 다양한 방식으로 성장하고 발전하며 이를 위해 학생 개인의 학습 강점을 최대한 활용할 수 있게 한다는 목표에 학습자별로 맞춰 차별화한 교육자료를 제공해야 한다는 것을 알게 될 것입니다. 이 단계에서 교사는 학생들이 학습시연과 함께 자신의 학습 성장을 보여줄 수 있는 개별화된 도구와 방법을 제공해야 합니다. 마지막 섹션에서 학문적 성찰의 중요성을 함께 논의할 것입니다.

이러한 모든 과정은 제이 맥티그 (Jay McTighe)와 그랜트 위긴스 (Grant Wiggins)의 '교육을 위한 설계를 통한 이해 (The understanding by Design) 체계'를 기반으로 합니다. 이 체계는 교사들이 (1) **학습 목표를 인식**하고 (2) **학습자가 자신의 목표를 달성했음을 증명**하기 위한 증거를 설정하고 (3) **교수 계획**을 시작하는 데 도움을 주기 위한 것입니다. 이러한 과정을 "마무리를 염두하고 시작하기."라고 하며, 학습자가 어떻게 자신의 학습과 학문적 이해를 보여줄 것인가에 대한 연구 기반의 접근 방식입니다.

형성평가를 위한 디지털 도구

형성평가

차별화 교육을 위한 조언

학습 시연

성찰과 목록화

우리가 평가를 하는 이유 : 앞에서 논의한 바와 같이 학습을 위한 평가 또는 형성 평가는 학습자가 학습 과정에서 어느 위치에 있는지를 교사가 이해하도록 돕는 평가입니다. '설계를 통한 이해 (UbD) 체계'의 원칙에 따르면 형성 평가는 학습 목표 달성 여부에 대한 수용 가능한 증거를 찾는 것입니다. 이러한 평가는 채점을 위한 것이 아닙니다. 학습 과정에서 학습자의 위치를 확인하는 지표를 제공하기 위해서입니다. 우리가 형성평가를 채점하지 않는 이유는 결과물에 대한 채점을 받기 전에 학습자들은 실수를 하며 배울 기회를 갖는 것이 마땅하기 때문입니다.

제대로 수행된 평가는 교사와 학습자 모두에게 학습 과정에서 학습자의 현재 위치와 목표 성취를 위해 어떤 도움과 개입이 필요한 지를 실시간으로 그리고 지속적으로 알려줍니다. 이러한 평가를 통해 교사들은 학습자가 집중해야 하는 영역이 무엇이며 교실 수업에 어떤 부분을 조정해야 하고 또한 언제 개입하는 것이 적절한지 판단할 수 있는 통찰력을 갖게 됩니다. 학습자가 자신의 형성평가 결과를 빨리 알수록 더 좋습니다. 그럼으로써 학생들이 학습의 과정에서 자신의 사고를 시각화할 수 있게 되며 이는 교사와 학생 모두에게 도움이 됩니다. 형성 평가는 학습자가 학습에 대해 메타 인지적 성찰을 할 수 있는 기회를 제공합니다. 이러한 활동을 하는 동안 학습자는 자기의 생각에 대해 사고하고 또한 스스로 조절할 수 있게 됩니다. 형성평가의 결과가 학습자 자신에 대한 이해와 성과를 학습목표에 더 가까워지도록 안내하는 지표의 역할을 하고 있다면 비로소 올바르게 수행된 형성평가라 할 수 있습니다.

> "어떤 학습자가 수업 내용을 이해하는지 또한 누가 이해하지 못하는지를 인식하지 못한 채 수업을 진행한다면 결국 유능한 학생만이 수업에서 성공할 가능성은 더 커지는 것이다."
>
> —그랜트 위긴스 (Grant Wiggins)

전략

학습자들의 생각을 시각화하는 교사의 전략을 소개하고자 합니다. 형성 평가는 학생들이 무엇을 알고 있는지, 무엇을 학습해 왔는지 또는 추가 도움이 필요한 부분은 어디인지를 이해하는 데 매우 중요합니다.

첫 번째로, 학습 과정에서 학습자의 현재 위치를 확인하기 위한 점검을 해야 합니다. 이러한 점검들은 비공식적이며 점수화하지 않습니다.

다음으로, 학습 목표에 따라 학습자들의 생각을 시각화하는 데 도움이 될 디지털 도구 중 하나를 선택하는 것입니다. 앞으로 소개되는 디지털 도구들은 이를 달성하기 위해 각기 다른 방법을 제시합니다. 예를 들어, 소크라티브 (Socrative)는 텍스트 기반 답변에 가장 적합하고, 패들렛 (Padlet)은 학생들에게 그래픽으로 표현할 수 있도록 안내하는 데 적합하며, 톡앤코맨트 (Talk and Comment)는 오디오 기반 정보에 가장 알맞습니다. 각 도구는 교사가 학습자들의 학습 및 성장에 대한 풍부한 정보를 수집할 수 있는 다양한 기회를 제공합니다.

마지막으로, 이러한 도구가 제공하는 데이터 유형에 따라, 교사는 지시 사항을 변경하거나 차별화 과정을 시작하게 됩니다.

소크라티브 (Socrative)
패들렛 (Padlet)
구글 설문지 (Google Forms)
포머티브 (Formative)
톡앤코멘트 (Talk and Comment)

소크라티브 (SOCRATIVE)
구글과의 통합 : 구글 드라이브 (Google Drive)

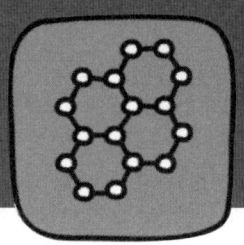

소크라티브 (SOCRATIVE)는 무엇인가? 폐쇄형 및 개방형 질문들을 활용하여 학습자의 학습과 이해에 대한 정보를 신속하게 수집할 수 있는 앱이며 웹서비스 입니다. '스페이스 레이스 (Space Race)'라는 게임과 같은 응답 기능도 있습니다. "빠르게 질문하기" 옵션에 대해서도 앞으로 소개됩니다. 이 옵션은 앱의 런치 패드 또는 첫 페이지에서 선택할 수 있는 기능 중 하나입니다.

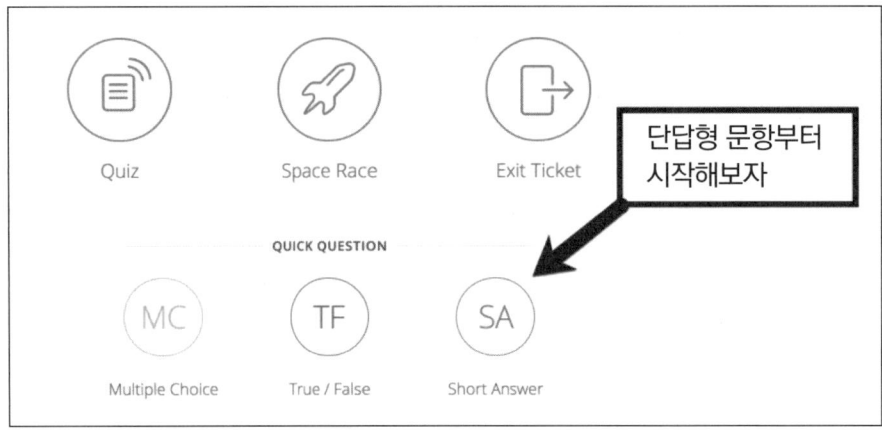

단답형 문항부터 시작해보자

추천 이유... 질문에 대답하기 위해 손을 드는 소수의 학생만이 아니라 모든 학생의 의견을 들을 수 있습니다.

설치/설정...(난이도 하) 웹사이트의 인터페이스는 단순하며 사전 설정없이 웹 사이트를 탐색할 수 있습니다. (자세한 내용은 bit.ly/GoogleInfusedClassroom에서 안내받을 수 있습니다.)

활용 제안... 개방형 질문을 활용하여 모든 학생의 생각을 시각화 할 수 있습니다. 하나의 스트림에서 학생들의 응답을 수집한 후 나중에 추가 정보를 위해 이전 응답을 구글 드라이브에 저장하여 관리하고 분석할 수 있습니다.

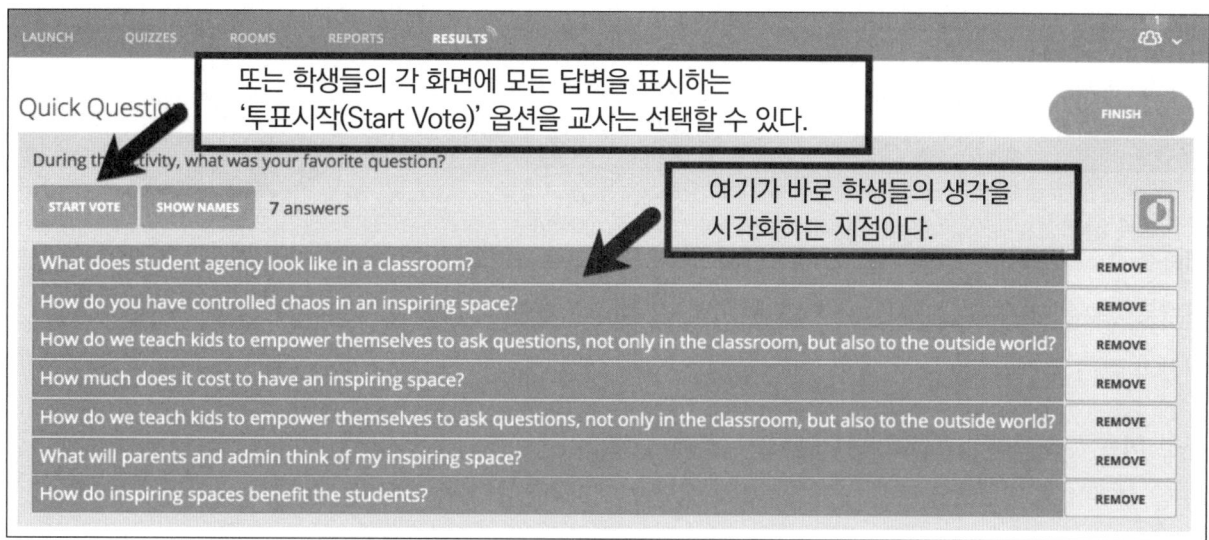

제공 정보… 학생들의 답변이 화면에 표시되어 서로의 답변을 비교할 수 있습니다. 또한 교사는 구글 드라이브에 저장된 답변 결과 보고서를 추후에 다시 열람할 수 있습니다.

장점… 학생들이 서로의 답변을 비교함으로써 메타인지 상태에 들어가게 됩니다. 또한 모든 답변 중에 최고의 답변에 투표할 수 있습니다.

정보 제공 방식… 간단한 스트림 방식으로 정보를 보여줍니다. 소크라티브의 대화식 접근 방식은 재미있습니다. 또한 중요한 데이터를 상당히 많이 제공합니다.

수학과목에서 활용 – 학생들에게 수학 문제를 해결하는 방법을 자신의 방식으로 설명하게 합니다. 이것은 학생들에게 수학 문제를 해결하는 방법과 과정을 설명하도록 요구하는 공통 핵심 표준을 따르게 되는 것입니다.

어문학 과목에서 활용 – 여러분의 학생들은 문학에 대해 어떤 반응을 하고 있습니까? 학생들에게 논문이나 자신의 작문에 대해 발표하게 해보세요. 이렇게 하면 서로의 아이디어를 볼 수 있으며 학습과 연구 과정에서의 자신의 위치를 측정할 수 있습니다.

패들렛 (PADLET)
구글과의 통합 : 구글 클래스룸 (Google Classroom)

패들렛 (PADLET)은 무엇인가? 웹사이트 및 크롬 확장 프로그램으로, 학습자의 학습 활동 결과물, 과제, 답변 또는 교사들이 수업하는 데 필요한 정보들을 수집할 수 있는 가상의 게시판과 같은 역할을 합니다.

추천 이유... 소크라티브 (Socrative)와는 다르게 학생들이 자신의 아이디어를 시각적으로 더 잘 설명할 수 있도록 질문에 대한 답변이나 응답에 이미지를 쉽게 추가할 수 있습니다.

설치/설정...(난이도 하) 이 도구의 인터페이스는 설정이 거의 필요하지 않으며 게시판의 유형 (자유형, 격자, 스트림, 캔버스 등)과 사용하려는 배경만 선택하면 됩니다. 그런 다음 생성된 URL을 bit.ly 단축 링크를 사용하여 구글 클래스룸에 공유 하거나 하이퍼닥스 (HyperDoc)를 통해 패들렛 게시판을 이용할 수 있습니다.

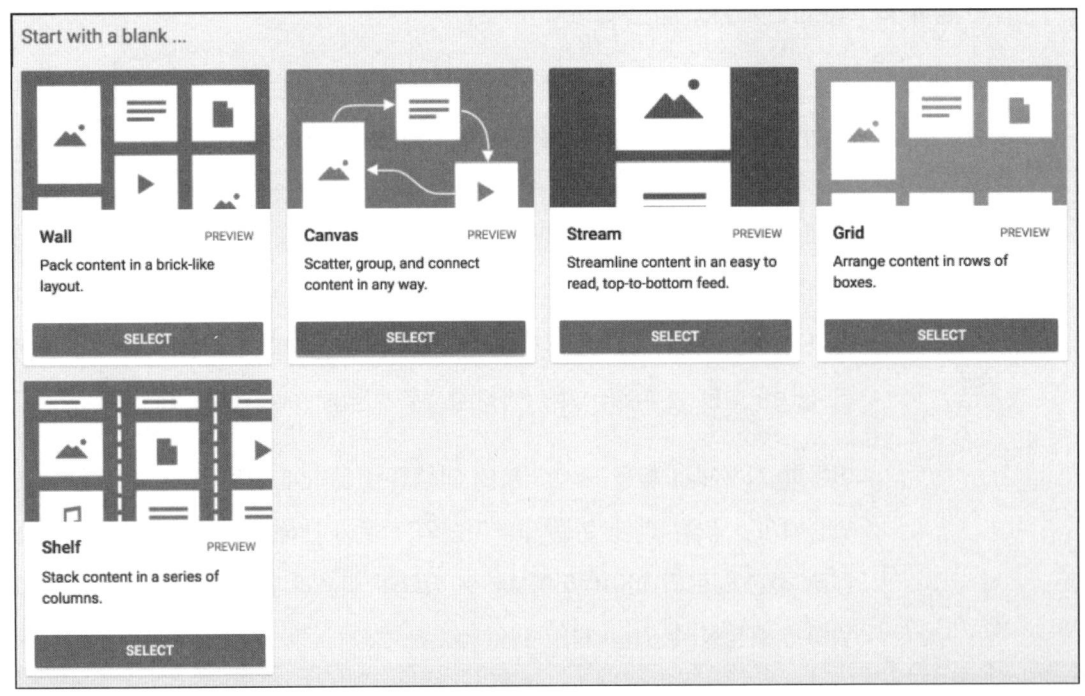

활용 제안... 학습자의 생각을 시각화할수 있고, 이미지, 그래프, 텍스트를 통해 학습자들의 학습활동을 공유할 수 있습니다. 패들렛을 통해 공유된 창작물들은 화면을 통해 다른 학습자들과 공유할 수 있습니다.

제공 정보... 교사는 패들렛에 저장된 학생들의 학습 과정이나 이후의 학생들의 응답, 창작물, 과제 등의 다양한 정보를 얻을 수 있습니다.

장점... 교사에 따라 교육적 활용이 무한합니다. 교육 내용에 따라 배경을 추가하거나 학생들에게 비디오나 도표 등을 추가하게 하는 등 학습한 내용을 좀 더 시각적으로 표현할 수 있게 합니다.

정보 제공 방식... 학생들이 공유한 학습 결과물들을 하나의 게시판에서 쉽게 볼 수 있습니다.

방탈출 티켓으로 패들렛 사용 – 학생들에게 그 날 수업에서 배운 것 중 세 가지를 선택하여 수업 마무리에 공유하고 이 활동을 완수한 학생들에게 쉬는 시간을 허락하는 등의 기존 방탈출 게임의 아이디어를 접목해 볼 수 있습니다.

캔바 (Canva)앱에서 6–단어요약 활동 – 캔바 (Canva)를 통해 만든 그래픽 이미지 등을 패들렛에 업로드하여 수업에 공유합니다. 아래의 예시 그림을 참조하세요.

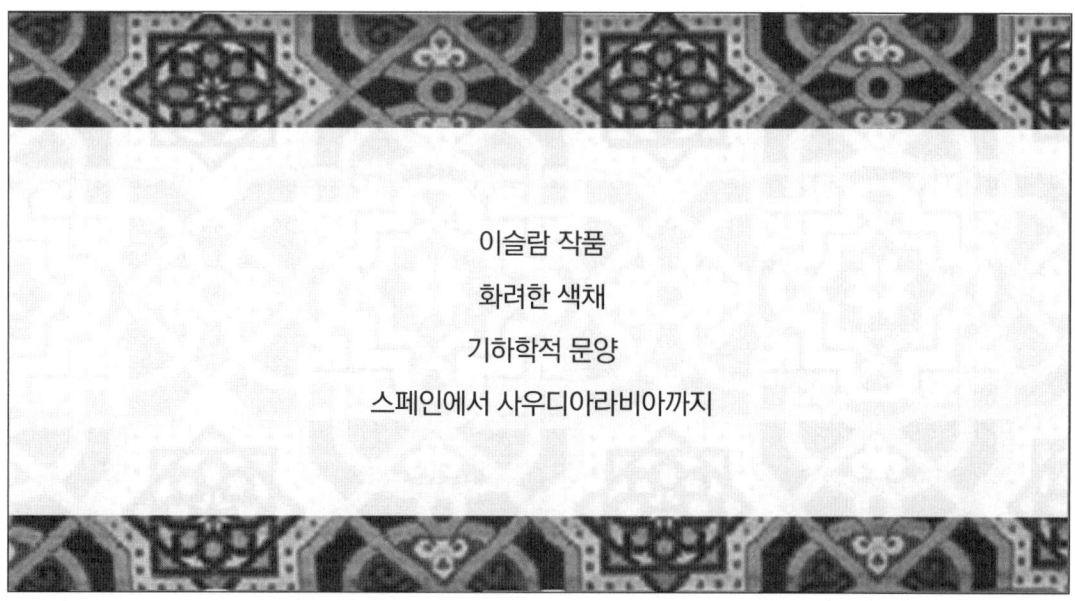

구글 설문지 (GOOGLE FORMS)
구글과의 통합 : 구글 설문지 (Google Forms), 워들 (Wordle)

구글 설문지 (GOOGLE FORMS)는 무엇인가? 구글 설문지는 지스위트 (G Suite)앱 중 하나이며 설문 양식을 통해 수집된 학생들의 응답 또는 답변은 스프레드시트를 통해 수집되며 도표 등을 활용하여 수집된 데이터를 시각화할 수 있습니다.

추천 이유... 학생들의 답변을 빠르게 수집할 수 있으며 학생들의 응답을 컴퓨터 화면이나 대형 스크린을 통해 함께 볼 수 있습니다. 수집된 답변은 토론의 주제가 되기도 하며 또한 수업과 교수방식을 어떻게 조정할 지에 대해 결정하는데 도움이 됩니다.

설치/설정...(난이도 중) 학생들의 답변이나 응답을 얻기 전에 질문양식을 미리 만들어야 하기 때문에 수업 시작 전에 미리 설치해야 합니다. (소크라티브와 패들랫은 사전 제작 없이 즉석에서 바로 사용할 수 있습니다.) 미리 작성된 질문 양식은 구글 클래스룸을 통해 학생들과 공유할 수 있습니다.

활용 제안... 구글 설문지를 통해 수집된 학생들의 답변을 토대로 추후 수업을 차별화하는데 활용하거나 워들 (Wordle)[1]과 같이 단어 구름을 만들 수 있는 앱에 답변들을 올려 '철학의 자'라는 재미있는 활동이나 교실 토의 활동을 할 수 있습니다.

---

1) 워들 (Wordle) : 단어 구름을 제작할 수 있는 사이트

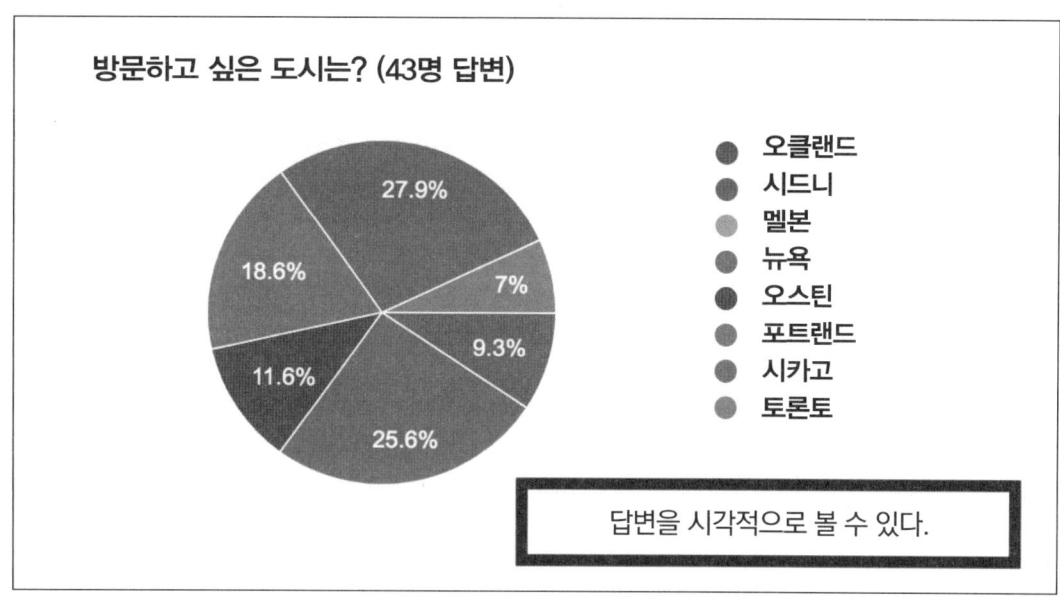

제공 정보... 구글 설문지의 답변은 스프레드시트를 생성하여 시각화할 수 있습니다. 구글 설문지 양식에서 '응답' 부분을 클릭하고 결과를 보기 위해 스프레드시트 만들기를 클릭하거나 화면을 아래로 내려보면 답변에 대한 그래프 등을 쉽게 볼 수 있습니다.

장점... 스프레드시트에 수집된 정보로 여러 가지 작업을 수행할 수 있으며 결과를 학습자와 공유하여 학습자 자신의 학습 성장 과정을 지속적으로 스스로 추적해볼 수 있게 합니다.

정보 제공 방식... 구글 설문지는 수집한 데이터를 스프레드시트 안에 수치 또는 도표로 표시합니다.

스토리나 이미지를 6개의 단어로 요약하는 6-단어 요약 활동 (25쪽 참조)에 활용 – 구글 설문지를 통해 제출된 답변들로 단어구름을 만들고 이를 화면을 통해 공유한 후 자주 사용된 단어가 무엇이며 그 이유는 무엇인지에 대해 토론을 시작해봅니다.

방탈출 활동에 활용 – 방탈출 활동에 사용하는 질문과 답변이 공개해서는 안 되는 정보라면 구글 설문지를 활용하는 것을 권합니다.

C.Y.O.A (Choose Your Own Adventure) 자신만의 모험선택 활동으로 활용 – 구글 설문지를 통해 제시되는 질문 또는 문항에 입력하는 답변에 따라 다른 섹션으로 이동하게 되며 이러한 과정의 반복을 통하여 응답자 마다 다른 결말을 얻게 되는 활동입니다. 이를 수업에 활용하여 학습자의 답변에 따라 질문의 난이도 또는 학습을 위한 자료를 맞춤으로 제공할 수 있습니다.

포머티브 (FORMATIVE)
구글과의 통합 : 구글 클래스룸 (Google Classroom)과
구글 프레젠테이션 (Google Slides)

포머티브 (FORMATIVE)는 무엇인가? 학습자들의 다양한 학습 활동에 대한 정보를 수집하는 데 완벽한 웹 기반 도구입니다. 화면에 글을 써서 답변하는 등 다양한 답변 및 응답 방식을 선택할 수 있기 때문에 학습자가 수학 방정식과 같은 문제를 푸는 과정을 보여줄 수 있는 디지털 플랫폼입니다.

> 내용 추가 :
> - 오디오
> - 끼워 넣다
> - 영상
> - 텍스트 블록
> - 비디오
> - 화이트 보드
>
> 질문 추가 :
> - 오디오 응답
> - 분류하다
> - 수필
> - 그래프
> - 어울리는
> - 다중 선택
> - 다중 선택
> - 숫자
> - 결과
> - 짧은 답변
> - 작업 표시
> - T/F 참 또는 거짓
>
> 자신의 콘텐츠 업로드 :
> - PDF / Doc / GoogleDoc 향상
>   이번 달 20 페이지 남음
>
> 아이템 뱅크에서 가져 오기 :
> - 기존 질문에서 검색
>
> **학습자의 학습 성장에 관한 풍부한 정보를 수집하기 위한 다양한 방법을 선택할 수 있다.**

추천 이유... 디지털 기기의 종류에 상관없이 학습자의 학습 활동에 관한 정보를 수집할 수 있는 다양한 방식을 제공합니다.

설치/설정...(난이도 중) 대부분의 경우 수업전에 포머티브 웹페이지에서 미리 질문을 계획하고 준비해야 합니다. 학생들은 지스위트 (G Suite) 계정 또는 배정 코드를 사용하여 로그인할 수 있기에 때문에 매우 쉽게 참여할 수 있습니다.

활용 제안... 학습자의 학습 및 성장에 대한 정보를 글과 도표, 그림 등으로 신속하게 수집할 수 있습니다. 또한 수집된 정보를 통해 학습자가 어려워 하는 개념이 무엇인지 교사가 알 수 있어 개별 학습자에게 도움이 되는 맞춤 자료를 효과적으로 제공할 수 있습니다.

제공 정보... 학생들의 많은 답변을 한 곳에서 볼 수 있는 대시 보드 환경을 제공합니다.

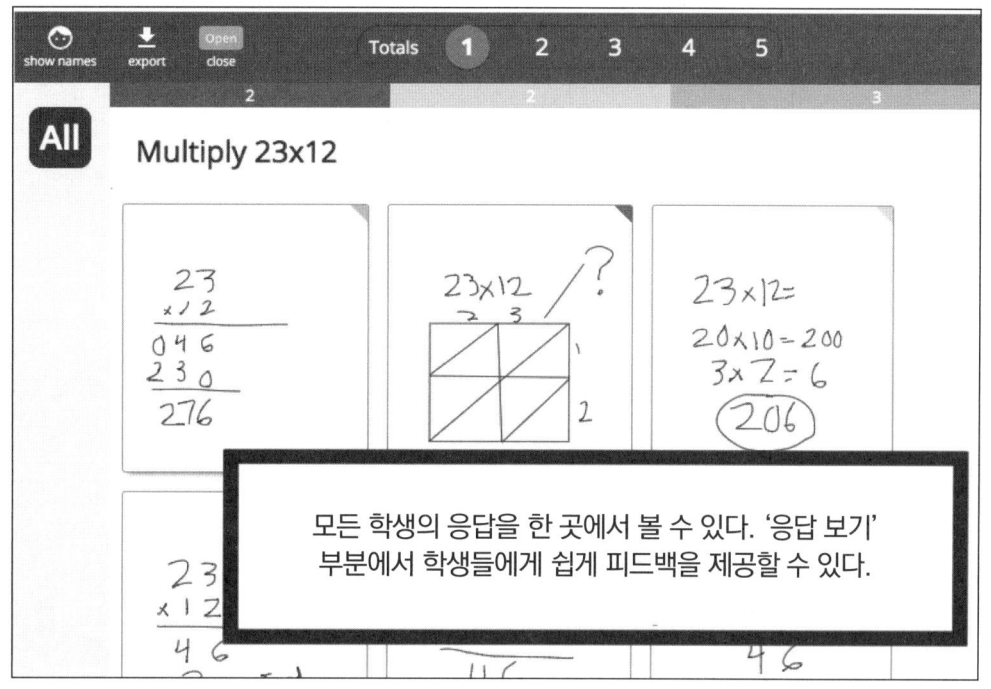

모든 학생의 응답을 한 곳에서 볼 수 있다. '응답 보기' 부분에서 학생들에게 쉽게 피드백을 제공할 수 있다.

장점... 교사가 피드백을 수업 전체 또는 특정 학생에게만 개별적으로 제공할 수 있습니다.

'작업 표시' 옵션을 사용하면 학습자가 수학 문제를 푸는 과정을 보여줄 수 있습니다.

남북 전쟁에 관한 수업을 준비한다면 학생들에게 미국지도 사본을 제공하고 메이슨 딕슨 경계선을 정확하게 그려보는 활동을 하면서 역사에 대한 이해를 높일 수 있습니다.

톡앤코멘트 (TALK AND COMMENT)
구글과의 통합 : 구글 문서 (Google Docs)와
구글 프레젠테이션 (Google Slides)의 톡앤코멘트 확장프로그램

톡앤코멘트 (TALK AND COMMENT)는 무엇인가? 구글 문서 및 구글 프레젠테이션을 포함한 모든 웹 사이트에서 사용할 수 있는 크롬 확장 프로그램입니다. 학습자는 이 도구를 활용하여 음성 메모를 녹음하고 생성된 링크를 사용하여 해당 메모를 공유할 수 있습니다.

추천 이유... 학습자가 무엇을 학습하고 어떤 생각을 하는지 또는 학습에 관해 더 알고 싶어 하는 것이 무엇인지 쉽고 빠르게 파악할 수 있는 도구입니다.

설치/설정...(난이도 하) 화면 오른쪽 측면에 보이는 아이콘을 클릭하면 자동으로 녹음이 시작됩니다. 이 도구를 활용하여 구글 문서 (Google Docs)에서 작업한 글을 설명하거나 구글 프레젠테이션 (Google Slides)에 삽입한 다양한 시각정보를 설명하면서 녹음하게 되고 이를 통해 자신이 학습한 내용을 효과적으로 설명할 수 있
습니다. 교사는 학습자가 녹음한 내용을 들음으로써 이 도구 없이는 얻지 못할 정보와 통찰력을 가질 수 있습니다.

활용... 링크를 클릭하면 녹음된 학습자의 음성 설명을 들을 수 있으며, 학습자의 학습활동에 대해 더 깊게 이해할 수 있습니다.

정보 지원... 녹음이 완료된 후 URL링크가 생성되며 해당 링크를 구글 문서 (Google Docs) 또는 구글 프리젠테이션 (Goolgle Slides)의 댓글 달기에 첨부하거나 구글 클래스룸 (Google Classroom)에 공유할 수 있으며 교사에게 메일이나 메신저로 링크를 공유할 수 있습니다. 흥미로운 점은 해당 링크를 복사하여 댓글에 붙여 넣으면 링크가 자동으로 재생 버튼으로 변환된다는 것입니다.

장점... 학습자는 이 도구를 통해 자신을 표현할 수 있는 구술능력을 향상할 수 있으며, 특히 자기 생각을 글로 표현하는 데 어려움을 느끼는 학습자에게는 더 도움이 될 것입니다.

정보 제공 방식... 녹음한 후 생성된 파일 링크를 학습자가 교사와 공유하면 교사는 학습자가 무엇을 배웠고 질문이 무엇인지를 학습자의 목소리를 통해 생생하게 들을 수 있습니다.

구글 문서에서 음성 메모 작성 – 음성 녹음 후 자동 생성된 링크를 구글 문서의 댓글 난에 붙여 넣은 후 댓글을 추가하면 링크는 바로 재생 버튼으로 바뀌게 됩니다. 이러한 방법을 통해 음성 메모를 만들 수 있습니다.

특정 콘텐츠를 설명하는 활동 – 온라인 기사를 읽은 후 이 도구를 선택하여 요약한 기사 내용을 음성으로 녹음합니다. 교사가 미리 제작하여 공유한 구글 설문지 (Google Forms)를 통해 학습자는 해당 음성 녹음 링크를 제출할 수 있습니다.

차별화를 위한 조언과 디지털 도구

형성평가

차별화 교육을 위한 조언

학습 시연

성찰과 목록화

형성 평가를 마쳤다면 교사들은 각 학생에 대한 중요한 데이터를 얻게 됩니다. 교사는 '설계를 통한 이해 (UbD) 체계'를 활용해 해당 데이터를 바탕으로 각 학생의 학습 목표 달성에 도움이 되는 지침을 설계할 수 있습니다. 이제 데이터를 분석하여 학생들이 어떤 부분에서 어려움을 겪고 있는지 또 어떤 부분에 도움이 필요하고 어떤 부분에서 추가 자료가 필요한 지를 알아내고, 이를 통해 교사들은 학습자 개개인이 매우 다른 방식으로 자신의 성장의 길을 가고 있다는 점을 쉽게 발견하게 됩니다.

차별화는 학습에서 매우 중요합니다. 이것은 모든 학습자가 다르게 배우고 독특한 학습 능력을 가지고 있다는 사실을 인식하는 것입니다. 교육자로서 우리의 목표는 전체를 대상으로 일률적으로 수업하는 것이 아니라 이러한 학습자 개인의 강점을 최대한 발휘하도록 지도하고 안내하는 것입니다. 간단히 말해, 차별화는 교실의 모든 학생의 요구를 가장 잘 충족시키는 교수 전달 모델로 정의됩니다.

차별화는 전통적인 교실 환경에 적용하기에는 다차원적이고 다소 어려운 개념입니다. 그러나 이 섹션에서 논의할 도구들과 디지털 기술을 활용한 차별화 학습을 통해 학습 역량을 증폭시키는 방법에 대한 몇 가지 사례를 제시합니다.

캐롤 앤 톰린슨 (Carol Ann Tomlinson)과 수잔 D. 알란 (Susan Demirsky Allan)이 그들의 저서 '학교와 교실 차별화를 위한 리더십'에서 설명한 바와 같이 차별화는 다음 세 가지 원칙을 따릅니다.

> "나는 절대 학생들을 가르치지 않는다. 나는 그들이 학습할 수 있는 조건을 제공하려고 노력할 뿐이다."
>
> —알버트 아인슈타인 (Albert Einstein)

1. 각 학습자의 서로 다른 학습 성향을 포괄하고 존중하는 학습 활동에 의한 차별화
2. 학습자의 학습 경험을 극대화하고 공동 작업 환경이 잘 될 수 있도록 학생들을 유연하게 그룹화하는 활동에 의한 차별화
3. 교사의 지속적인 평가 및 교육적 조정에 의한 차별화

이 섹션에서는 각 학습자의 학습 강도를 포괄하고 존중하는 활동을 수행하는 데 도움이 되는 디지털 기술들에 대해 탐색해 봅니다. 이 섹션에서 소개되는 디지털 도구를 활용함으로써 모든 학습자가 학습 콘텐츠를 더 잘 이해하는 데 도움이 되는 자료를 제공할 수 있습니다.

예를 들어, 다음의 질문들을 우리 자신에게 해봅시다.

- 학생들이 가장 잘 배우는 방법은 무엇인가?
- 개념 이해를 위해 학습자 스스로 동영상을 시청하고 자신이 원하는 부분에서 일시 정지하여 필기를 하면서 학습하는 것이 학생들에게 큰 도움이 되는가?
- 수업내용을 크게 읽게 하는 것이 학습에 도움이 되는가?
- 개념지도나 그림과 같은 시각적 자료가 일부 학습자에게 자신이 배우고 있는 것을 더 잘 이해하는 데 도움이 되는가?

이 섹션에서 소개되는 디지털 도구들은 이러한 차별화된 학습 자료들을 학생들에게 쉽게 제공하는 방법을 제시합니다.

전략

첫 번째로, 형성 평가에서 수집한 정보를 사용하여 학습자가 학습 과정에서 어디에 있는지를 가늠해 봅니다.

다음으로, 개별 학습자의 요구에 도움이 되는 자료를 만들거나 선별하여 목록화 합니다. 이 과정이 잘 수행되면, 학습자는 이 자료들을 통해 지식을 쌓게 되고 학습 능력을 강화할 수 있게 됩니다.

마지막으로, 이러한 자료들을 전달 또는 배포하는데 사용될 플랫폼을 결정합니다. (앞으로 디지털 도구들의 유용한 활용 사례들이 소개됩니다.) 이러한 플랫폼은 학습자가 필요할 때 마다 쉽게 접근할 수 있기 때문에 교사들이 자료를 차별화하는데 도움이 됩니다.

구글 클래스룸 (Google Classroom)

하이퍼닥스 (HyperDocs)

구글 사이트 (Google Sites)

유튜브 (YouTube)

구글 클래스룸 (GOOGLE CLASSROOM)
구글과의 통합 : 웹기반 모든 디지털 도구와 연동가능

구글 클래스룸 (GOOGLE CLASSROOM)은 무엇인가? 구글의 다양한 앱을 통해 제작된 학습자료와 과제를 배포하고 학생들의 학습 결과물을 제출받아 한 곳 (구글 드라이브)에 저장할 수 있는 가상의 교실과 같은 온라인 플렛폼입니다.

추천 이유... 학습과 수업을 위한 다양한 활동 흐름을 단순화할 수 있게 하고 종이 없는 수업 (paperless class)을 실현할 수 있게 합니다.

설치/설정...(난이도 중) 수업을 개설한 다음 이메일이나 개설된 수업 코드를 통해 학생들이 참여하도록 초대해야 합니다.

얻게 되는 정보... 교사는 누가 과제를 제출했는지, 언제 답변을 했는지 그리고 어떤 활동 결과물들이 누락되었는지를 확인할 수 있습니다.

활용... 학생과 실시간으로 쉽게 자료를 공유한 다음 키워드를 사용하여 게시물을 목록화할 수 있으며 이를 통해 향후 자료 검색을 쉽게 할 수 있습니다.

장점... 동영상 및 다양한 관련 자료를 빠르고 효율적으로 전달할 수 있는 공간을 제공하여 학생들의 학습을 차별화할 수 있습니다.

정보 제공 방식... 구글 클래스룸은 마치 SNS처럼 가장 최근에 공유된 자료를 상단에 표시합니다.

 **학습자를 위한 개별화된 맞춤 과제 제공 −** 구글 클래스룸을 통해 과제를 게시할 때 모든 학생을 대상으로 하거나 또는 특정한 학생에게만 과제를 부여하는 방식으로 학습자를 위한 개별 맞춤 학습자료와 과제를 제공할 수 있습니다.

하이퍼닥스 (HYPERDOCS)
구글과의 통합 : 구글 문서 (Google Docs)와 구글 프레젠테이션 (Google Slides)을 포함한 웹기반 모든 디지털 도구와 연동가능

하이퍼닥스 (HYPERDOCS)는 무엇인가? 구글의 다양한 앱들을 활용하여 제작한 수업 자료들을 하나의 문서에 담을 수 있는 디지털 수업 계획서와 같습니다. 하이퍼닥스에 수업자료들을 목록화할 때 무엇보다도 중요한 것은 학습자 개개인의 학습적 요구를 충족하는 교육적 관점에 중점을 두어야 한다는 것입니다.

추천 이유... 수업에 필요한 모든 디지털 수업자료들을 한 문서에 담을 수 있습니다. 학생들은 학습을 진행하면서 자신의 학습에 도움이 되는 자료들을 선택하고 자신의 의견을 내는 일련의 과정에서 주도적 학습자로 성장해 갑니다.

설치/설정...(난이도 중) 미리 준비해야 한다는 점에서 난이도 중이지만 교사가 어떤 수업 자료들과 매체 자료들을 하이퍼닥스에 담을 것이며 수업에 흐름에 맞게 환경을 설정하고 디지털 자료를 활용한 수업을 어떻게 설계하느냐에 따라 난이도는 상대적입니다.

활용... 다양한 멀티미디어 자료를 선별하여 수업의 흐름에 맞게 한 문서 안에 잘 정리한 하이퍼닥스는 학습자가 자신이 학습한 내용을 시각화하는 데 지침이 될 수 있습니다.

얻게 되는 정보... 잘 구성된 수업의 하이퍼닥스에는 혼합형 학습, 자기주도 학습 및 차별화 교육을 위한 전략들이 담겨 있습니다.

장점... 하이퍼닥스는 학습자의 학습 방식이나 학습적 요구에 관계없이 모든 학생에게 이상적입니다.

정보 제공 방식... 하이퍼닥스는 수업에 필요한 정보를 체계적이고 매력적이며 접근 가능한 방식으로 제시합니다.

구글 사이트 (GOOGLE SITES)
구글과의 통합 : 구글 드라이브 (Google Drive)

구글 사이트 (GOOGLE SITES)는 무엇인가? 웹사이트를 공동으로 제작할 수 있는 구글의 플랫폼입니다.

추천 이유... 학습자들이 접근하기 쉬운 플랫폼으로 구글 사이트를 활용하여 웹 페이지를 만들어 자신이 학습한 자료 등을 한 곳에 모아 공유할 수 있습니다. 특히 교사의 경우 다른 교사와 협동 수업을 하거나 다른 과목과 융합 수업을 진행할 때 유용하게 사용할 수 있는 도구로서 공동작업자로 동료 교사나 학생들을 초대할 수 있습니다.

설치/설정...(난이도 중) 웹페이지를 구성하는 요소들을 단순하게 끌어서 옮기는 방식 (drag and drop)으로 웹사이트를 완성한 후 게시하면 됩니다.

활용... 구글 사이트를 통해 웹사이트를 구축, 수시 수정, 공동 제작 등의 작업 후 게시하면 해당 사이트를 접속하기 위한 링크가 생성됩니다. 구글 사이트는 정보의 공유 및 협업을 위한 다양한 활동을 할 수 있습니다. 또한 모든 지스위트 (G Suite)[1] 앱들과 잘 연동되며 게시된 내용은 구글 드라이브에 저장됩니다.

제공 정보... 기존의 일반적인 웹사이트처럼 수업시간 뿐만 아니라 수업시간 외에도 쉽게 수업 자료와 정보를 열람할 수 있습니다.

장점... 웹사이트를 실시간으로 편집할 수 있습니다. 즉, 학습자의 학습 과정에서 꼭 필요한 자료와 정보를 교사는 웹사이트에 빠르게 추가하고 변경할 수 있습니다.

정보 제공 방식... 구글사이트는 정보를 웹페이지에 표시하고 자료의 링크를 삽입하여 학생들이 다양한 학습 자료와 정보에 쉽게 접근할 수 있게 합니다.

---

1) 지 스위트 (G Suite)는 구글에서 제공하는 유료 서비스로 클라우드 컴퓨팅 생산성 및 협업 소프트웨어 도구, 소프트웨어 모음이다. (출처 위키백과) 구글은 교육용 지 스위트 (G Suite for Education) 서비스를 학교 및 교육기관에 무료로 제공하고 있다.

유튜브 (YouTube)

구글과의 통합 : 구글 프레젠테이션 (Google Slides) 또는
구글 사이트 (Google Sites)와 유튜브 (YouTube)와의 연동

유튜브 (YouTube)는 무엇인가? 영상을 업로드하고, 시청하며, 공유하고, 편집할 뿐만 아니라 업로드한 영상에 댓글을 달 수 있는 비디오 호스팅 웹 사이트입니다. 또한 잘 선별된 영상 채널들을 시청 및 구독하고 목록화할 수 있는 강력한 검색 엔진이 되기도 합니다.

추천 이유... 콘텐츠를 만들어 자신의 채널에 올리는 기능 뿐만 아니라 동영상들을 주제별로 선별하고 목록화하는 재생 목록 만들기 기능을 활용하여 목록화된 영상들을 쉽게 공유할 수 있습니다.

설치/설정...(난이도 하) 자신의 채널을 만든 후 우측 상단의 비디오 업로드 아이콘을 클릭한 다음 업로드할 영상을 선택하면 됩니다. 영상 업로드 후 편집도 가능합니다.

활용... 유튜브 동영상 아래의 '저장' 아이콘을 클릭하여 재생 목록을 만들 수 있습니다. 또한 새로운 동영상을 기존 재생 목록에 추가할 수도 있습니다.

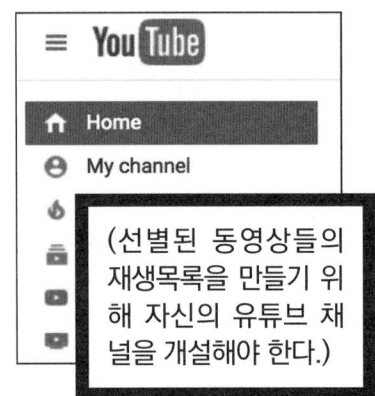

(선별된 동영상들의 재생목록을 만들기 위해 자신의 유튜브 채널을 개설해야 한다.)

얻게 되는 정보... 채널을 비공개로 설정하면 학생들만 시청한 동영상 조회수와 방문자의 시청시간을 확인할 수 있습니다. 동영상이나 세부정보 입력란에 추가로 정보나 링크를 넣거나 자막을 통해 학생들의 학습을 지원할 수 있습니다.

장점... 교사는 대용량 영상 파일을 유튜브에 업로드함으로써 컴퓨터 저장공간에 대한 부담을 줄이고 디지털 클라우드에 저장하여 교실밖에서도 학생들에게 쉽게 동영상 학습지원을 할 수 있습니다.

정보 제공 방식... 자신이 직접 제작한 동영상 외에 재생목록 만들기 기능을 통해 주제별로 목록화된 영상들을 보여줍니다.

수학과목을 어려워하는 학습자를 위하여 – 예를 들어 '칸 아카데미' 동영상들을 목록화하여 재생목록을 만들거나 학생들이 문제를 푸는 과정을 동영상으로 직접 제작하고 제작한 동영상들의 재생목록을 만들어 공유하는 활동을 할 수 있습니다.

시청각 학습자료가 필요한 학습자를 위하여 – 수업내용이나 프로젝트 수업 안내를 위한 설명 동영상을 제작하여 학생들과 공유합니다.

학습 시연과 디지털 도구

형성평가

차별화 교육을 위한 조언

학습 시연

성찰과 목록화

지금까지 형성 평가를 통해 정보를 수집하고 수집된 데이터를 기반으로 학습을 차별화하는 것에 대한 가치와 중요성을 논의했습니다. 또한 학습자들이 자기의 학습 목표에 도달하는 데 도움이 되는 "의미 있는 과제"와 필요한 자료들은 개별 학습자에게 제공하는 방식에 대해 모색해보았습니다. 이제 학생들이 자신의 **"학습 전이"**와 학습 콘텐츠를 이해하는 방법과 과정을 보여줄 수 있도록 해야 합니다. 다시 말해, 학습자가 자신의 학습을 시연하고 보여주도록 안내하는 방법에 대해 알아보고자 합니다.

학생들이 의미 있는 학습 시연을 하려면 그들이 사용한 방법들이 다면적이고 계층화되어 있어야 합니다. 다행히도 디지털 기술 덕분에 학생들은 자신의 학습을 실질적이고 풍부한 방식으로 시연할 수 있게 되었습니다. 이를 통해 교사는 학생들의 생각과 의견을 들을 수 있으며 학습의 과정과 지식과 정보의 활용을 볼 수 있고 학습 경험과 메타인지를 이해할 수 있게 되었습니다. 디지털 기술의 활용을 통해 포스터와 같은 1차원적인 자료에 학습자의 목소리, 설명, 심지어는 학습을 좀 더 실감나게 할 수 있는 가상현실까지 더할 수 있게 되었습니다. 이를 통해 학습은 좀 더 의미 있고 흥미 있는 과정이 되는 것입니다. 이제 학습자가 재미있게 자신의 학습을 시연할 수 있는 다양한 디지털 도구들을 소개하고자 합니다.

학습 시연을 위해 소개되는 각 디지털 도구를 적용할 때 학습자들은 자신의 목표와 관련된 질문으로 학습을 시작하게 됩니다. 그리고 지식을 쌓아가고, 자신의 학습 여정을 기록한 후 풍부한 디지털 결과물인 자신의 학습 활동 내용을 시연하게 되는 것입니다.

> "학습자가 자신의 학습을 이해하고 현실의 활동으로 학습을
> 전이할 때 그 학습에 대해 진정으로 이해했다고 할 수 있다."
> —맥티그와 위긴스의 저서 "*설계에 의한 이해*"에서

교사들은 무엇을 평가하는가? 교사들은 학습자의 성장을 평가한다. 교사는 학습자의 학습 목표를 향한 성장의 정도를 평가해야 합니다. 학습자가 제출한 과제물에 사용된 글꼴, 페이지 수, 학습자가 성장하는 과정에서 몇개의 문제가 맞고 틀렸는지를 평가하는 것은 아니다.

전략

첫 번째로, 학습자가 자신의 학습 방식에 맞게 응답 또는 답변할 수 있는 선택의 여지를 주도록 합니다. 이때 학습자 자신이 보여주려는 성장, 즉 자기의 학습 목표에 대해 인식하고 있는지 확인해야 합니다. 이 때 다른 학생들 또는 다른 자료를 통해 정리한 다양한 예시들을 미리 준비하여 학생들이 참조할 수 있도록 보여줍니다.

다음으로, 이 섹션에서 다룰 10가지의 디지털 도구 중 학습자들의 학습방식에 맞는 도구를 선택하여 활용해봅니다. 컴퓨터 화면 녹화, 비디오 제작 또는 팟캐스트 등을 활용할 수 있습니다.

마지막으로, 학습자들의 학습 과정에서 보여주는 다양한 결과물들을 포트폴리오로 정리하고 목록화할 수 있도록 안내합니다. 이를 통해 시간의 흐름에 따른 학습자의 성장을 볼 수 있으며 이는 학습자뿐만 아니라 교사에게도 강력한 도움이 됩니다.

학습시연 1.
디지털 도서 출판

학습시연은 '학습자가 자신이 학습한 것을 보여주고 설명할 수 있는 다양한 학습 결과물'이라 정의할 수 있습니다. 이러한 학습 결과물은 학습자가 자기의 학습 목표 또는 성취 목표를 어느 정도 달성했는 지를 보여주는 기회가 되기도 합니다. 수업이 잘 설계되었다면, 이러한 학습자의 학습 시연을 통해 교사는 단순히 표준화된 객관식 문제나 학습지의 정답 개수로는 알 수 없는 학습자의 학습 과정과 성장에 대한 정보를 수집할 수 있을 것입니다. 이 섹션에서는 학생들이 자신의 학습을 시연하는데 도움이 되는 다양한 활동과 디지털 도구들을 소개하고자 합니다.

이 활동이 필요한 이유 – 학습자가 자신의 학습을 통한 학습 결과물을 디지털로 게시할 수 있도록 합니다. 이를 통해 학습자들은 작가가 되기도 하고, 자신의 읽기와 쓰기 능력을 발전시키며, 또한 디지털 문해력을 강화할 수 있게 되는 것입니다. 학생들은 실제적인 독자를 고려하며 학습결과물을 만들게 되고 소통을 위해 이를 공유함으로써 자신의 학습시연 활동을 수행하게 됩니다. 학생들은 한 곳에 자신의 생각을 기록하고, 성찰과 이해의 일지를 만들며, 시간의 경과에 따른 자신의 학습과 성장에 관한 글을 작성한 글모음을 만들 수 있습니다. 과목이나 연령에 상관없이 학생들은 쉽게 디지털 서적 형태로 자신의 글모음을 출판할 수 있습니다.

학습자의 사고를 시각화하는 방법 – 학습자들은 디지털 책과 일지를 이용하여 학습 단계별 정보와 결과물을 한 곳에서 편집할 수 있습니다. 또한 녹음 기능을 이용해 자기의 생각을 음성으로 입력하거나 도표와 영상 등을 삽입할 수도 있고 그림 그리기 기능을 활용하여 이미지를 추가할 수도 있습니다.

학습자의 목소리를 증폭시키는 방법 – 책이나 일기와 같은 형태로 자신의 생각을 담을 수 있는 곳이 있다면 학생들은 학습자로서 자신을 더 잘 이해하는 데 도움이 되며 이전보다 더 다양하고 많은 학습결과물을 만들게 됩니다. 디지털 출판은 모든 학생에게 학습자와 작가로서 자신의 의견을 발전시킬 수 있는 창의적인 플랫폼이 됩니다.

TIP (조언) : 학습자들은 디지털 서적과 일지를 구글 클래스룸 (Google Classroom)이나 구글 사이트 (Google Sites)에 게시하여 공유할 수 있습니다.

학습자가 자신의 학습 결과물을 공유하는 방법 – 학습자들은 북 크리에이터 (Book Creator) 또는 구글 사이트 (Google Sites)를 사용하여 자신의 작품을 게시하거나 디지털 포트폴리오를 만들 수 있습니다.

학습자를 위한 활동 제안 – 전 세계의 학습자들과 공동 작업하여 글로벌 도서를 함께 제작하고 출판할 수 있습니다.

활동 1 – 과학 또는 수학 일지, 대화형 스토리, 디지털 포트폴리오, 연구 소논문 작성 및 과학과 관련된 다양한 작문 활동 등을 수행 과제로 활용할 수 있습니다.

활동 2 – 문장 단위로 제작된 책, 노하우를 담은 책, 사진과 그림을 활용한 책, 단원별로 학생들이 공동으로 만든 활동 모음집, 시와 시집 등과 같이 발전된 활동으로 활용할 수 있습니다.

교사를 위한 활용 제안 – 학습자들을 위한 차별화된 교육용 참고 서적을 만들 수 있습니다.

> "학습자들은 자기의 학습 결과물을 세상과 공유할 때 유익하고 잘 만들었다는 좋은 평가를 받기 원한다. 그러나 공유의 대상이 교사만 된다면 자신이 공유한 것이 단지 좋은 성적을 받는 것에만 만족하게 된다."
>
> –러쉬톤 헐리 (Rushton Hurley)

북크리에이터 (BOOK CREATOR)
구글과의 통합 : 구글 드라이브 (Google Drive)

북크리에이터 (BOOK CREATOR)는 무엇인가? 학습자가 자기의 학습 결과물을 책, 만화, 사설 등과 같은 다양한 유형으로 온라인에 게시할 수 있고 공유할 수 있는 웹 사이트 (BookCreator.com) 및 iOS 앱입니다.

추천 이유... 학습결과물을 활용하여 제작한 다양한 작품을 쉽게 게시할 수 있습니다.

설치/설정...(난이도 하) 구글계정을 통해 웹사이트나 앱에 로그인하여 작업할 수 있습니다.

제출 방법... 북크리에이터 앱에 개인 책장을 만들어 자신의 글을 게시하거나 게시된 링크를 구글 클래스룸 (Google Classroom)에 공유합니다. 구글 문서 (Google Docs)에서 글쓰기 작업을 한 후 완성된 책을 북크리에이터를 통해 게시할 수 있습니다. 필요할 때마다 구글 드라이브 (Google Drive)에 자신의 글을 업로드하여 저장할 수 있습니다.

장점... 학생들은 독립적이면서 동시에 협력적인 형태로 디지털 도서 편집과 글쓰기 작업을 할 수 있습니다.

정보 제공 방식... 학생과 교사는 북크리에이터 웹 사이트에서 자신이 출간한 책이나 사설을 읽을 수 있고 게시 링크를 소셜 미디어를 통해 공유하거나 개인 웹 페이지에 게시할 수 있습니다.

다음의 디지털 도구들과 함께 활용

위비디오 (WeVideo)

스크린캐스티파이 (Screencastify)

캔바 (Canva)

학습시연 2.
비주얼 스토리텔링

이 활동이 필요한 이유 – 학습자에게 자신이 학습한 것과 알고 있는 것을 시각적 매체를 통해 보여줄 수 있도록 안내한다는 것은 학습자로 하여금 연구하고, 글을 쓰고, 비판적으로 생각하며 자신이 이해하는 것을 일관되고 의미 있는 방식으로 잘 정리하는 방법을 알려주는 것과 같습니다. 학습자들은 이러한 학습 시연을 통해 고차원적인 사고의 기술을 적용하게 되는 것입니다.

학습자의 사고를 시각화하는 방법 – 자기의 생각을 단어, 이미지 및 소리, 음성녹음 등과 같은 다양한 매체와 방법을 활용하여 이야기 형식으로 표현할 수 있습니다.

학습자의 목소리를 증폭시키는 방법 – 비주얼 스토리텔링은 학습자가 개념을 이해하고 설명할 수 있는 매체가 됩니다.

학습자가 자신의 학습 결과물을 공유하는 방법 – 학습자는 자신의 작품을 수업 블로그, 디지털 포트폴리오 또는 유튜브 (YouTube) 채널에 게시한 다음 개인 또는 소셜 미디어를 통해 실질적인 독자들과 공유할 수 있습니다.

학습자를 위한 활동 제안

    활동 1 – 학생들은 자신의 연구주제에 대한 다큐멘터리 영상, 영화 예고편과 같은 독서 감상 영상, 어휘설명 영상, 방법 안내 영상(흔히 튜토리얼 영상이라고 함), 뮤직 비디오 및 인터뷰 영상 등을 만들 수 있습니다.

    활동 2 – 지면광고, 영상광고, 공공서비스 안내 영상, VR을 활용한 가상현실 견학영상, "나에 관한 모든 것"이라는 주제의 영상 등을 만들 수 있습니다.

교사를 위한 활용 제안 – 학생들의 창작물을 수업을 위해 개설한 유튜브 (YouTube) 채널에 게시하거나 수업 예고편을 만들어 수업을 시작하기 전에 학생들이 수업 내용에 관심을 갖도록 합니다. 안내 영상 또는 예제를 구글 드라이브나 유튜브 채널에 업로드합니다. 또한 학생들에게 수업에 관련된 안내영상을 만들어 수업을 위해 개설된 유튜브 (YouTube) 채널에 게시하도록 할 수 있습니다. 성인 학습자들을 지도하는 경우에는 이러한 방법을 활용하여 자신의 유튜브 채널과 소셜미디어에 공유하여 조회수를 높이고 홍보하는 방법으로 안내할 수 있습니다. 또한 수업 영상을 공유하는 페이스북 (Facebook) 페이지나 트위터 (Twitter) 계정을 개설할 수 있습니다.

"미래는 예술가, 발명가, 스토리텔러들처럼 창의적이고 우뇌를 활용하여 다양한 생각을 하는 사람들에게 전적으로 달려있다"

−다니엘 핑크 (Daniel Pink)

위비디오 (WEVIDEO)
구글과의 통합 : 구글 드라이브 (Google Drive)

위비디오 (WEVIDEO)는 무엇인가? 웹 기반 비디오 제작 플랫폼입니다.

추천 이유... 학생들이 자신의 영상을 위비디오에 공유하고 공동으로 편집할 수 있습니다.

설치/설정...(난이도 하) 학생들을 초대하거나 등록 링크 또는 초대 코드를 사용하여 학생 그룹을 만들 수 있습니다. 교육자를 위한 위비디오는 90일 무료평가판 서비스로서 교육자 들에게 1GB의 저장용량과 한 달에 최대 5분 용량의 720p 화질 비디오를 로고와 함께 내보 낼 수 있는 기능을 제공합니다.

제출 방법... 위비디오 앱에서 작업을 완료한 후 구글 드라이브 (Google Drive) 또는 유튜 브 (YouTube) 채널에 업로드하거나 비디오 작업 후 생성된 링크를 통해 구글 클래스룸 (Google Classroom)에 영상을 제출할 수 있습니다.

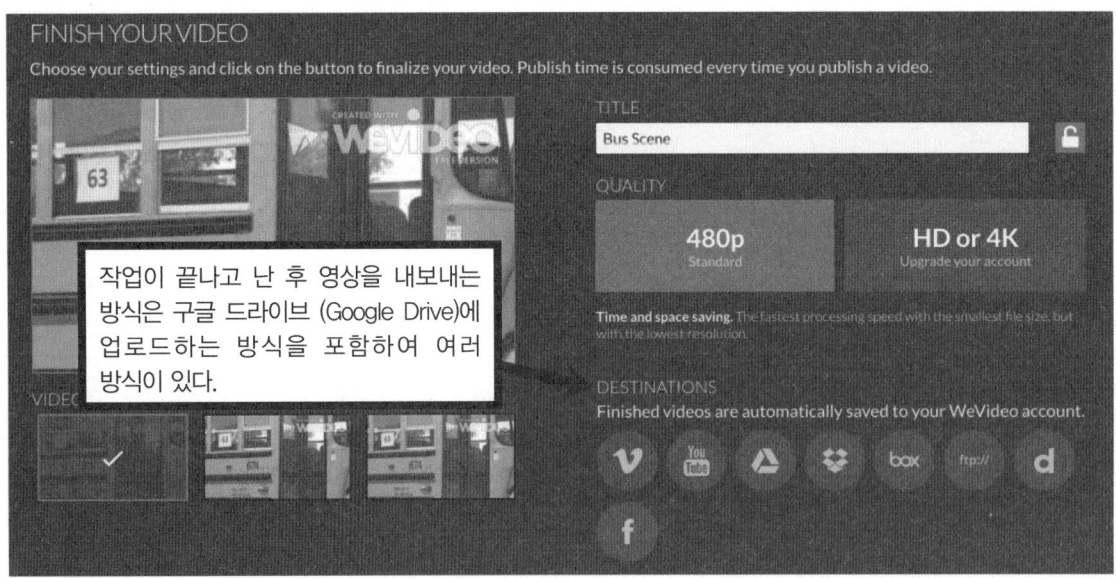

작업이 끝나고 난 후 영상을 내보내는 방식은 구글 드라이브 (Google Drive)에 업로드하는 방식을 포함하여 여러 방식이 있다.

장점... 동영상 제작 및 화면녹화를 할 수 있고, 편집도 가능하며 구글 드라이브 (Google Drive)에 영상을 업로드하거나 동영상 재생 목록을 만들 수 있습니다.

정보 제공 방식... 학생들의 작업을 타임 라인에 표시하여 게시할 때 구글 드라이브 또는 유튜브 계정을 통해 비디오로 내보낼 수 있습니다.

다음의 디지털 도구들과 함께 활용

캔바 (Canva)

스크린캐스티파이 (Screencastify)

사운드트랩 (Soundtrap)

학습시연 3.
팟캐스팅 및 음성/음악 녹음활동

이 활동이 필요한 이유 – 팟캐스트를 통해 학습자들은 자신의 목소리로 의견을 제시하고 다른 사람들과 생각을 나눌 수 있는 라디오 방송과 같은 활동을 할 수 있습니다. 팟캐스트를 만든 후에는 음향효과를 추가하거나 편집하여 실제 청취자들과 공유할 수 있습니다. 팟캐스팅 활동을 통해 어휘력과 자기 생각을 표현하는 역량이 향상되고 연구 및 작문 기술을 발전시키며 청취자를 확보하여 자신이 창작한 작업을 홍보하는 방법을 배울 수 있습니다.

또한, 교육에서 음악은 학생들의 창의성과 자유로운 표현을 촉진시킵니다. 교사가 학생들에게 자신이 이해하고 있는 것을 표현할 수 있는 대안을 제공한다는 것은 교사가 학생들에게 자기의 생각과 학습을 보여줄 수 있는 다양한 방법을 제공한다는 것을 의미합니다.

학습자의 사고를 시각화하는 방법 – 녹음 활동을 통해 자신이 학습한 것을 구두로 표현할 수 있게 됩니다. 팟캐스팅을 위한 대본을 만들고 수정하고 편집한 후에 읽고 녹음합니다. 활동을 통해 자기의 생각을 듣게 되고 그럼으로써 스스로 필요한 부분을 수정하고 편집하게 되는 것입니다. 또한 자신이 학습한 것을 시연하기 위해 노래나 랩 가사를 쓰거나 미리 녹음된 악기 연주 등을 추가할 수 있습니다.

학습자의 목소리를 증폭시키는 방법 – 교사는 학생들이 녹음한 내용을 듣기만 하더라도 학생들의 사고와 이해에 대한 통찰력을 얻을 수 있습니다. 음악을 통해 자기의 학습 내용을 표현할 수 있게 함으로써 학생들은 개인적으로 의미 있는 방식으로 자신이 이해한 것을 표현할 수 있는 창작의 자유를 얻게 됩니다.

학습자가 자신의 학습 결과물을 공유하는 방법 – 학생들은 교실을 넘어 전국 또는 전 세계의 학습자들과 협력하여 팟캐스팅을 하거나 음악을 공동으로 제작할 수 있습니다. 또한, 자신의 팟캐스트, 녹음된 음성 또는 음악을 아이튠 (iTunes)이나 학급 블로그에 게시하여 공유할 수 있습니다.

학습자를 위한 활동 제안 : 한 트랙에는 학습자가 스스로 책을 읽은 것을 녹음하고 다른 트랙에는 읽은 책의 주제를 기반으로 사운드 트랙을 만들 수 있습니다.

학생들이 스스로 선택한 책을 읽은 후 독서감상일지를 음성으로 만드는 활동을 할 수 있습니다. 매일 저녁 학생들에게 자신이 읽고 있는 내용과 책에 대한 생각, 책을 통해 이해한 점을 간단하게 설명하여 음성 녹음하게 합니다. 전날 밤에 녹음한 것에 내용을 추가하여 한 트랙에 책 전체에 대한 음성 녹음을 담게 합니다. 학생들은 이러한 활동을 통해 자신의 문해력이 향상되는 과정을 교사에게 보여줄 수 있습니다.

활동 1 – 광고, 인터뷰, 설명, 스토리, 시 낭독 및 유창한 읽기를 위한 일지 등을 작성하여 녹음할 수 있습니다.

TIP (조언) : 학생들이 소셜 미디어를 통해 팟캐스팅 또는 제작한 음악을 홍보하여 실질적인 청취자를 확보하고 피드백을 받는 활동을 해봅니다.

활동 2 – 학생들의 구술 언어 능력 평가 도구로서 사운드트랩 (Soundtrap, 62쪽 참조)을 활용할 수 있습니다. 예를 들어, 사운드 트랩을 사용하여 학생들이 단일 트랙에 한 학기 또는 일년동안 꾸준히 녹음을 하면 교사는 그 녹음된 내용을 통해 학생들의 말하기 성장을 점검하고 측정할 수 있습니다. (이 방법은 특히 외국어 학습자에게 효과적입니다.) 그런 다음 학생들은 이러한 성장 과정을 보여주는 학습 시연을 자신의 디지털 포트폴리오에 추가할 수 있습니다.

TIP (조언) : 학생들의 독서감상녹음은 매회 1분을 넘지 않게 합니다.

> "당신의 이야기를 들어주고 그 이야기의 메시지를 이해하고 그것을 다른 사람에게 전달하는 사람이 한 명 있다면 당신은 이미 두 명의 청중을 확보한 것이다."
>
> –로버트 게리쉬 (Robert Gerrish)

사운드트랩 (SOUNDTRAP)
구글과의 통합 : 구글 클래스룸 (Google Classroom)

사운드트랩 (SOUNDTRAP)은 무엇인가? 녹음 작업과 음원 제작을 할 수 있는 협동적 디지털 오디오 작업공간이라 할 수 있습니다.

추천 이유... 학생들은 인터넷을 사용할 수 있는 어느 곳에서나 모든 유형의 디지털 기기(크롬북, 노트북, 아이패드, 스마트 폰)를 활용하여 음악 및 팟캐스트를 만들 수 있습니다. 사운드트랩은 미리 만들어진 다양한 음악 루프[1]를 제공하여 고품질 음악 녹음을 할 수 있습니다. 학생들은 자신의 목소리만 녹음하면 됩니다.

설치/설정...(난이도 중) 구글 계정으로 로그인하고 '관리 (edu admin) 부분'에서 수업을 개설한 다음 학생들로 하여금 구글 클래스룸을 통해 로그인하도록 하면 사운드트랩을 문제없이 사용할 수 있습니다.

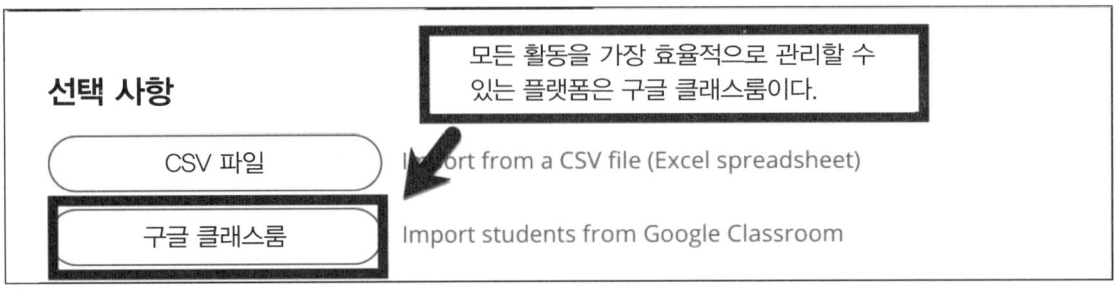

제출 방법... 녹음 내용을 MP3 파일로 다운로드하여 구글 클래스룸에 제출하거나 사운드트랩앱을 통해 교사와 공유할 수 있습니다.

교사를 위한 활용 제안... 교사는 학생들이 전 세계의 많은 사람들과 함께 공동작업을 하거나 혼자 작업할 수 있도록 합니다.

---

1) 음악 루프 (Music Loop) : 전자 음향, 팝, 록 및 기타 종류의 음악에서 4마디 또는 8마디 등이 반복되는 부분이다.

장점... 다양하고 활용하기 쉬운 사전 녹음 루프가 제공되며 많은 학생들이 동시에 함께 녹음작업을 할 수 있습니다.

정보 제공 방식... '녹음 스튜디오(Recording Studio)'에서 녹음된 파일을 듣거나 MP3 음원 파일 형식으로 다운로드할 수 있습니다.

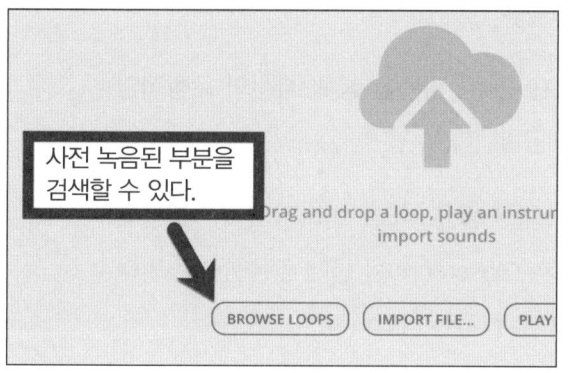

사전 녹음된 부분을 검색할 수 있다.

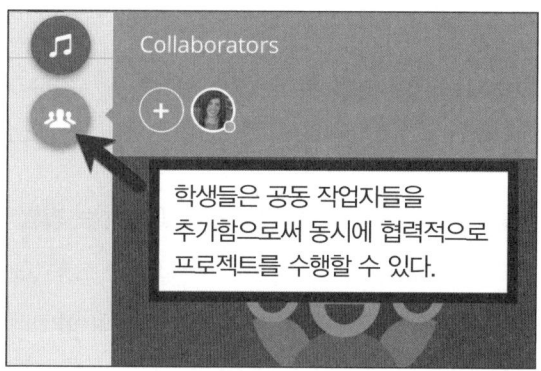

학생들은 공동 작업자들을 추가함으로써 동시에 협력적으로 프로젝트를 수행할 수 있다.

다음의 디지털 도구들과 함께 활용

위비디오 (WeVideo)

익스플레인 에브리씽 (Explain Everything)

학습시연 4.
사고-이미지-공유 (Think-Pic-Share)

이 활동이 필요한 이유 – 학습자들에게 디지털 세상에서 그들의 생각과 아이디어를 설명하는 방법을 가르쳐야 합니다. 결국, 디지털 문해력의 향상을 위해 시각적 문해력을 개발하고 발전시키는 것은 필수적입니다. '사고-이미지-공유' 과정에서 학습자들은 자기의 생각을 요약하여 다시 말하는 방법을 배우게 됩니다.

학습자의 사고를 시각화하는 방법 – '사고-이미지-공유' 과정을 수업에 적용하면 학습자는 자신이 학습한 것이 무엇인지 생각하고 요약할 수 있습니다. 자신이 요약한 학습 내용을 가장 정확하게 나타내는 이미지를 검색한 후 자신의 생각을 글로 작성하여 추가합니다. 그리고 패들렛 (Padelet, 96쪽 참조)과 같은 앱을 통해 그림을 공유합니다.

학습자의 목소리를 증폭시키는 방법 – '사고-이미지-공유' 활동을 통해 자신의 독창적인 아이디어를 활용한 창작활동을 할 수 있는 기회를 제공합니다.

학습자가 자신의 학습 결과물을 공유하는 방법 – 학습자들은 '사고-이미지-공유' 활동의 결과물을 패들렛 (Padlet)이나 구글 클래스룸 (Google Classroom)을 통해 공유함으로써 다른 학습자들의 결과물과 비교하며 자신의 아이디어를 발전시켜 나갑니다.

학습자를 위한 활동 제안 :

활동 1 – 학습한 내용을 여섯 단어로 요약하는 활동 (6-단어 요약 활동)을 합니다.

활동 2 – 캔바 (Canva)[1]를 활용하여 학생들과 함께 간단한 학습 성찰의 시간을 가져봅니다. 이 활동을 통해 학생들은 론 리치하트 (Ron Ritchhart), 마크 처치 (Mark Church), 카린 모리슨 (Karin Morrison)의 저서 '생각을 시각화하기 (Making Thinking Visible)'에서 제시하는 다음과 같은 사고 전략을 배울 수 있습니다.

---

1) 캔바 (Canva) : 사용자가 소셜 미디어 그래픽, 발표, 포스터 및 기타 시각적 콘텐츠를 작성할 수 있는 그래픽 디자인 플랫폼이다. 웹 및 모바일에서 사용할 수 있으며 수백만 개의 이미지, 글꼴, 템플릿 및 일러스트레이션을 통합한다.(출처 위키백과)

교사를 위한 활용 제안 – 단원을 시작하기 전에 새로운 단원에 대한 비밀 단서나 힌트가 될 수 있는 이미지 등을 공유하여 학생들이 수업에 대한 기대를 갖게 합니다. 캔바를 통해 메세지를 작성한 후 구글 클래스룸에 게시하여 학생들과 공유할 수 있습니다.

> "아이디어와 관련 개념을 이미지안에 담을 수 있다면 뇌는 해당 이미지와 관련된 정보를 함께 기억하게 된다."
>
> −카트리나 슈왈츠 (Katrina Schwartz)

캔바 (CANVA)
구글과의 통합 : 구글 드라이브 (Google Drive)

캔바 (CANVA)는 무엇인가? 전문적인 맞춤형 그래픽 이미지를 빠르게 만들 수 있는 온라인 그래픽 디자인 플랫폼입니다. 개발자는 '놀랍도록 간단한 그래픽 디자인 도구'라고 소개합니다.

추천 이유... Z세대 학습자들은 교사의 도움 없이 이 프로그램을 사용하는 방법을 쉽고 신속하게 파악하여 자신이 작업한 결과물을 쉽고 간단하게 공유할 수 있습니다.

설치/설정...(난이도 하) 구글 계정을 사용하여 로그인하면 캔바 서비스를 이용할 수 있습니다.

제출 방법... PNG, JPEG, PDF 형식으로 작업한 이미지를 다운받은 다음 구글 클래스룸에 제출하거나 패들랫 (Padlet)과 같은 공유 가능한 사이트에 게시합니다.

장점... 학습자들이 능숙하고 쉽게 그래픽 디자인을 할 수 있도록 사용하기 쉬운 다양한 탬플렛. 아이콘 및 글꼴 등이 제공됩니다.

교사를 위한 활용 제안... 학습자가 개별학습 또는 모둠학습 결과물을 시각적으로 시연하는 활동이 가능합니다.

정보 제공 방식... 그래픽 이미지로 정보를 제공하거나 작업중인 이미지를 저장한 후 추후에 정보를 추가하여 편집할 수 있습니다. 또한 제작한 이미지를 다운받을 수 있습니다.

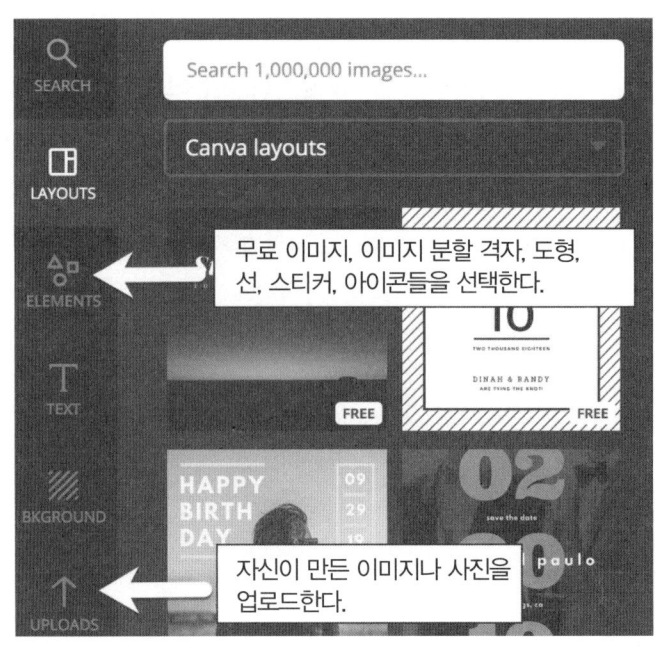

학습시연 5.
화면 녹화

이 활동이 필요한 이유 – 학습자는 화면 녹화를 통해 자신의 학습활동 결과물을 컴퓨터 화면에 공유하며 설명하는 전 과정을 녹화기록으로 남길 수 있습니다. 이러한 활동은 개별 학습자의 학습 성찰에 도움이 됩니다.

학습자의 사고를 시각화하는 방법 – 구글 문서나 포스터 등과 같은 디지털화된 자료에 자신의 학습과정을 잘 설명하는 해설과 성찰 내용을 추가할 수 있습니다. 단지 화면에 자신이 활동한 것을 보여주며 자신의 생각을 설명하면서 화면을 녹화하면 됩니다. 교사는 학습자가 제작한 녹화 자료를 통해 학습자가 자신의 학습 목표에 대해 잘 이해하고 있는 지 확인할 수 있습니다.

학습자의 목소리를 증폭시키는 방법 – 학습자에게 자신이 생각한 것과 이해한 것을 글로 표현하는 방법 외에 다른 방법으로 설명할 수 있는 기회를 제공합니다.

학습자가 자신의 학습 결과물을 공유하는 방법 – 학습자가 제작한 화면 녹화를 통해 교사와 학부모는 해당 학습자가 학습과정에서 어느 지점에 있는지에 대한 심층적 정보를 얻게 됩니다. 또한 학습자는 자신의 학습에 대한 다른 사람들의 피드백을 받을 수 있는 기회를 얻습니다.

학습자를 위한 활동 제안

- 비디오 성찰 일지 제작 활동
- 구글 문서의 수정 기록 기능을 활용한 작문 과정과 내용을 설명하는 활동
- 작문을 하기 전에 화면에 스토리아크를 보고 줄거리와 등장인물에 관해 논의하고 발전시키는 활동
- 수학 문제 해결과정을 마치 스포츠 해설가처럼 설명하는 활동

활동 1 – 외국어 학습자에게는 읽고 말하는 활동을 통해 억양 및 대화 기술을 연습

하고 훈련할 수 있습니다. 비디오 슬라이드 쇼에 나레이션을 추가한 후 수업 전체가 아닌 교사에게만 공유하게 합니다. 그 후 구글 드로잉 (Google Drawings)[1])과 수정 기록을 활용하여 애니메이션을 만들도록 안내합니다.

활동 2 - 학습자가 직접 제작한 학습 안내 영상을 학급 전체를 위해 개설된 유튜브 채널을 통해 공유할 수 있습니다.

교사를 위한 활용 제안 - 교사가 병가나 회의 참여 등의 이유로 수업이 불가능할 때 미리 제작한 차별화된 학습안내 영상이 교사를 대신하여 수업에 필요한 지시 사항을 학습자들에게 전달할 수 있습니다.

> 무엇보다도 교사는 모든 학습자가 자기의 생각을 발전시킬 수 있다는 믿음을 바탕으로 이러한 학습자들의 사고력을 교사가 확장할 수 있다는 자신감을 갖는다면 그 결과를 통해 놀라운 감동과 활력을 얻게 될 것이다.
> -론 리치 하트 (Ron Ritchhart), 마크 처치 (Mark Church), 카린 모리슨 (Karin Morrison)의 저서 '*생각을 시각화하기 (Making Thinking Visible)*'에서

---

1) 구글 드로잉 (Google Drawings) : 구글이 개발한 무료 웹 기반 다이어그램 작성 소프트웨어이다. (출처 위키백과)

스크린캐스티파이 (SCREENCASTIFY)
구글과의 통합 : 구글 드라이브 (Google Drive)

스크린캐스티파이 (SCREENCASTIFY)는 무엇인가? 오디오를 포함하여 화면 내의 모든 활동을 캡쳐하고 녹화할 수 있는 구글 크롬 확장 프로그램입니다.

추천 이유... 웹캠을 사용하여 발표자를 포함한 화면 전체를 녹화할 수 있고 웹캠을 사용하지 않고도 화면에 표시되는 모든 것을 음성 설명과 함께 녹화할 수 있습니다.

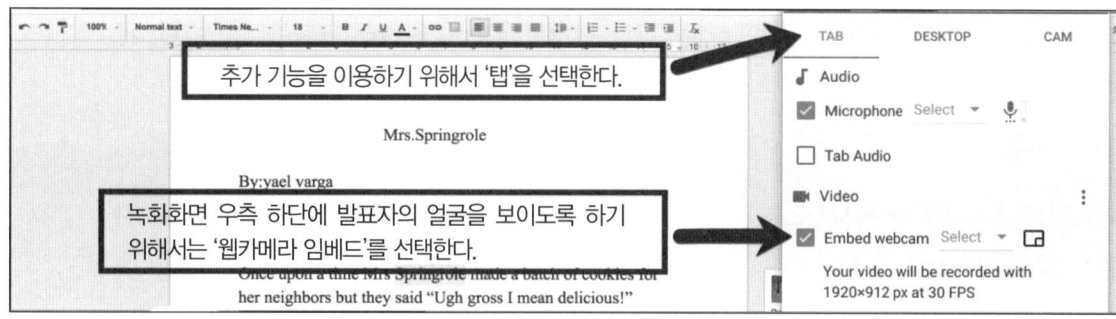

설치/설정...(난이도 하) 앱을 크롬에 추가한 후 확장 프로그램을 클릭하고 전체 화면 녹화, 발표자만 보이는 화면 녹화, 화면과 함께 오른쪽 하단에 발표자가 보이는 화면 녹화 중 한가지 기능을 선택하여 녹화를 시작합니다.

제출 방법... 학생들은 화면 녹화 영상을 구글 클래스룸이나 구글 드라이브, 또는 구글 프레젠테이션의 슬라이드에 삽입하거나 유튜브에 업로드 한 후 공유 링크를 통해 교사에게 제출할 수 있습니다.

장점... 학습자는 자신의 학습 결과물을 만들어 내는 과정과 자신의 학습과 사고가 발전해 가는 과정을 영상을 통해 제작하고 공유할 수 있습니다.

정보 제공 방식... 음성 설명이 포함된 영상으로 정보를 제공합니다.

'웹 화이트 보드' (AWW)를 포함한 다음의 디지털 도구들과 함께 활용

구글 문서 (Google Docs)
구글 프레젠테이션 (Google Slides)
구글 드로잉 (Google Drawings)
유튜브 (YouTube)

학습시연 6.
블로그 활동

이 활동이 필요한 이유 – 학습자는 블로그 활동을 통해 실제 구독자 (또는 청중)와 소통하고 자신의 학습 활동을 성찰하며 기록할 수 있는 기회를 갖게 됩니다. 학생들에게 블로그의 사이트 방문 분석 기능을 소개하고 이를 통해 좋은 게시물을 만드는 방법을 잘 이해하게 되며, 지속적으로 콘텐츠를 개선하도록 권장할 수 있습니다. 블로그 게시물은 일반적으로 특정한 형식에 얽매이지 않고 대화 형식으로 작성되며, 글 자체에 대한 채점을 하지 않도록 합니다.

학습자의 사고를 시각화하는 방법 – 블로그는 다양한 활동이 가능한 플랫폼으로 영어, 과학, 수학, 체육, 외국어 등 특정 과목에 국한하지 않고 어떤 주제에 대해서도 글을 쓰고, 의견을 내는 등 자기의 생각을 보여줄 수 있습니다.

학습자의 목소리를 증폭시키는 방법 – 블로그 활동을 통해 학습자는 아이디어를 발전시키고 학문적 정체성을 구축하는 동시에 교사에게는 학생들의 성장 과정을 평가할 수 있는 데이터를 제공합니다. 또한 수줍고 내성적인 학습자들이 대면 활동에서 보다는 온라인에서 더 적극적으로 많은 의견을 낸다는 것을 알게 되는 장점도 있습니다.

학습자가 자신의 학습 결과물을 공유하는 방법 – 학습자는 자신의 학습 결과물을 블로그에 게시물로 작성하여 교사와 학급, 더 나아가 세상과 공유하게 됩니다. 이를 통해 그들의 진로를 위한 잠재 고객을 확보하기 시작하며 블로그 분석을 통해 좋은 콘텐츠를 만드는 방법을 배울 수 있습니다. 특정 게시물의 조회수가 높은 경우 학생들은 왜 이 콘텐츠가 더 많은 공감을 얻었는지 분석할 수 있습니다. 이 비판적 사고는 미래의 진로를 위한 중요한 역량이 될 수 있으며, 공감을 많이 얻는 글을 쓰고 결과물을 만드는 데 도움이 될 것입니다.

학습자를 위한 활동 제안:

> **디지털 학습 일지와 일기작성 활동 :** 노하우를 공유하는 블로그, 중요 정보에 대한 목록들로 구성된 블로그 (예 '2차 방정식에 대해 꼭 알아야 할 10 가지'), 비디오 블로그 (Vlog), 팟캐스팅 (60쪽 참조), 디지털 성장 포트폴리오 등

활동 1 - 독서 서평 웹사이트, 학급 신문을 대체할 수 있는 학급 소식을 알리는 블로그, 학습자가 수업 내용을 필기한 것을 게시하는 수업 필기 블로그, 짧은 학습 성찰의 내용을 담은 블로그나 웹사이트를 구축하는 활동

활동 2 - <u>100단어 도전 (100-Word Challenge)</u> (20쪽 '교실수업 활용 아이디어와 용어해설' 참조)활동을 개인 블로그에 게시합니다.

댓글 달기에 대한 조언 : 다른 학습자의 게시물에 작성하는 댓글은 학습자로서 성장하고 발전하는 데 도움이 되는 댓글이어야 합니다. 또한 학생들이 효과적으로 의견을 제시하도록 가르치려면 선행 작업이 필요합니다. 교사는 적절한 댓글의 의미를 설명하고 글쓴이 및 독자에게 의미 있는 피드백을 제공하는 훈련이 선행되도록 수업 내용을 구성해야 합니다.

교사를 위한 활용 제안 - 교사는 수업용 블로그를 통해 과제에 대한 공지에서부터 우수한 과제의 예시까지 다양한 수업의 내용을 게시하는 블로그 활동을 하는 것도 좋습니다. 또한 학교 내 동아리, 학생회, 운동회 및 학교 운동팀 소개부터 다양한 이슈에 대한 질문을 게시하고 전 세계로 부터 응답을 받는 활동을 블로그를 통해 할 수도 있습니다. 그 외에 블로그의 내용을 트위터 (Twitter)나 핀터레스트 (Pinterest)에 공유하여 블로그 독자층을 넓힐 수 있습니다.

> "블로그는 우리가 만들 수 있는 그 어떤 것도 될 수 있다. 블로그를 한마디로 정의하는 것은 어리석은 일이다."
>
> —마이클 커니프 (Michael Conniff)

블로거 (BLOGGER)
구글과의 통합 : 구글 드라이브 (Google Drive)

블로거 (BLOGGER)는 무엇인가? 교사와 학습자가 학습 일지, 수업 일지 또는 웹 사이트 등의 정보를 정기적으로 업데이트하는 데 사용할 수 있는 구글에서 제공하는 블로그 플랫폼입니다.

추천 이유... 프로젝트나 연구 내용 및 학습 일지 등을 자신의 블로그에 꾸준히 기록할 수 있습니다. 사이트 분석을 사용하여 어떤 게시물이 가장 인기있고 많은 독자들에게 주목받고 있는지를 확인할 수 있습니다. 이를 통해 콘텐츠에 대해 비판적으로 생각하고 콘텐츠가 어떤 영향을 끼칠 수 있는 지에 대해 알게 됩니다.

설치/설정...(난이도 하) 블로거에서 제공하는 템플릿 중 하나를 선택하고 글을 작성한 후 게시하면 됩니다. 자신의 블로그를 맞춤 설정하면 플랫폼의 활용 난이도가 높아집니다.

활용... 학생들은 자신의 학습 내용과 아이디어를 한 곳에 잘 정리하고 지속적으로 기록할 수 있습니다.

지원 정보... 게시물은 시간순으로 표시되며 검색 도구를 활용하여 원하는 정보를 찾을 수 있습니다.

장점... 전세계 독자들과 빠르고 쉽게 연결될 수 있습니다.

정보 제공 방식... 게시물은 시간순으로 표시되며 가장 최신의 게시물이 상단에 표시됩니다. 그러나 학생들의 기술 수준에 따라 좀 더 정교하고 복잡한 검색 구조를 설정할 수 있습니다.

시소 (SEESAW)
구글과의 통합 : 구글 드라이브 (Google Drive)와 시소 웹사이트

시소 (SEESAW)는 무엇인가? 디지털 포트폴리오 제작을 위한 앱 및 웹사이트로서 학습자의 사고를 시각적으로 보여줄 수 있는 강력한 도구입니다. 시소에는 학생들이 자신의 창작물과 학습 결과물을 실제 구독자 (또는 청중)들에게 공개할 수 있는 블로그 선택 기능도 있습니다.

추천 이유... 학습자에게 자신의 학습 내용을 기록할 수 있는 여러 가지 방법을 제공합니다. 학습자는 비디오, 사진 및 음성 녹음을 쉽게 만들 수 있습니다. 또한 자신의 창작물에 QR 코드를 추가하여 인쇄한 후 교실의 게시판에 붙여서 다른 학생들이 마치 아트 갤러리처럼 교실을 걸어 다니며 코드를 스캔하면서 녹음 내용을 들을 수 있고 의견이나 댓글을 달 수 있는 기능도 있습니다. 블로그 기능을 활용하면 좀 더 많은 일반 독자들과 공유할 수 있습니다.

설치/설정...(난이도 하) 수업을 만들고 학생들을 추가한 후 수업에 참여할 수 있도록 QR 코드 또는 수업 코드를 제공합니다. 화면 오른쪽 상단에 있는 지구본 모양의 아이콘을 선택하여 블로그 기능을 설정하면 사전 승인된 학생의 게시물을 공유할 수 있는 URL이 제공됩니다.

제출 방법... 댓글을 달고 화면 오른쪽 상단에 있는 초록색 확인 아이콘을 클릭합니다. 학생들은 교사가 학생별로 미리 만들어 놓은 폴더에 자신의 창작물을 정리해 넣을 수 있으며 교사가 블로그에 게시할 수 있는 옵션도 제공합니다.

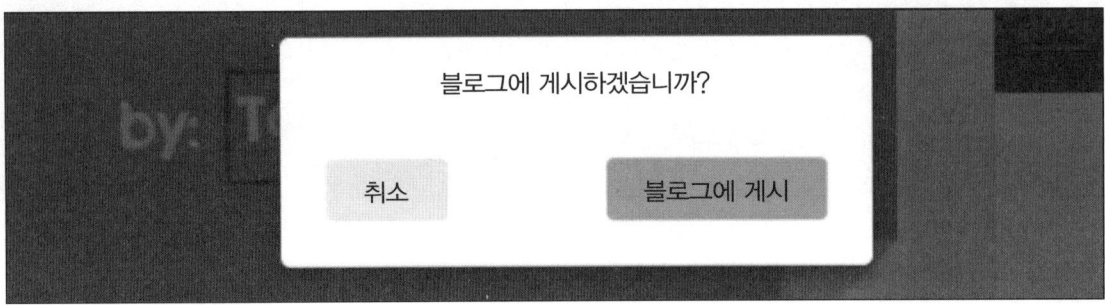

활용

1. 학생들은 자신의 창작물을 사진으로 찍은 뒤 그림, 글, 녹음 파일 등을 추가하여 창작 과정에서 얻은 통찰과 지식을 설명할 수 있습니다.
2. 앱에서 녹화 영상을 만들 수 있습니다.
3. 서면 메모를 추가할 수 있습니다.
4. 디지털 기기에 저장되어 있는 이미지에 음성 또는 텍스트를 추가하거나 그림을 그릴 수 있고, 컴퓨터나 구글 드라이브에 저장되어 있거나 다른 앱에서 만든 이미지나 사진, 영상 등을 추가할 수도 있습니다.
5. 구글 드라이브에 저장된 문서 (구글 문서, 프레젠테이션, 드로잉, 스프레드시트 등)는 시소에서 PDF 파일로 변환한 후 추가할 수 있습니다. 학생들은 여기에 오디오 주석이나 자막을 추가할 수도 있습니다.

정보 제공 방식... 게시된 정보는 시간순으로 표시되며 달력 (calendar) 기능을 사용하면 게시된 전체의 글이나 학생별로 게시된 글을 특정 날짜나 시간순으로 정렬하여 볼 수 있습니다.

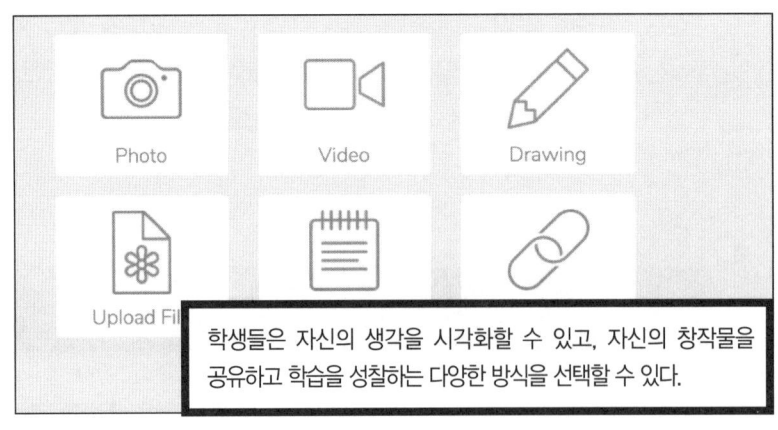

학생들은 자신의 생각을 시각화할 수 있고, 자신의 창작물을 공유하고 학습을 성찰하는 다양한 방식을 선택할 수 있다.

학습시연 7.
구글 프레젠테이션 (Google Slides)을 활용한 협업활동

이 활동이 필요한 이유 – 학습자들이 함께 공동 작업을 할 때 쉽게 편집하고 공유하고 활용할 수 있는 협업도구를 제공함으로써 디지털 플랫폼안에서 협업활동을 장려할 수 있습니다.

학습자의 사고를 시각화하는 방법 – 이러한 협력 프로젝트를 통해 학생들은 다른 학습자들과 협력 학습을 하고 서로에게 피드백을 주며 스스로를 성찰하고 자신의 학습 활동을 보여줄 기회를 얻게 됩니다.

학습자의 목소리를 증폭시키는 방법 – 자기의 생각을 공유하고 발전시킬 수 있는 공간을 모든 학생이 갖게 됩니다. 공동작업을 통해 다른 학생들이 작업한 학습 활동에 자신의 것을 추가하고 이를 통해 학급 전체의 학습을 증폭시킬 수 있습니다.

학습자가 자신의 학습 결과물을 공유하는 방법 – 학생들은 자신이 작업한 것을 특정 학생과 공유하거나 전체 학급과 공유할 수 있습니다. 자신의 학습 결과물을 웹에 게시하여 더 많은 사람들과 공유할 수 있으며 이를 통해 같은 학급의 학습자들이나 외부전문가로부터 귀중한 피드백을 받을 수 있는 기회를 얻습니다.

TIP (조언) : 디지털 문해력을 가르치려면 학생들에게 소셜 미디어를 소개해야 하고 이를 통해 학생들은 독자들과의 역동적인 소통 경험과 새로운 세계관을 얻게 됩니다.

학습자를 위한 활동 제안 – 학생들은 공동으로 협업활동을 하고 이를 통해 함께 공동으로 발표할 수 있습니다. 구글 프레젠테이션 (Google Slides)을 활용한 좀 더 창의적인 활동을 살펴보면 다음과 같습니다.

활동 1

- **6 단어 요약 활동** – 학생들은 특정한 행사나 단원에 대해 6개의 단어로 요약을 하고 그것을 구글 프레젠테이션을 통해 공유합니다.

- **100 단어 챌린지 활동** – 구글 프레젠테이션의 공유기능을 활용하여 매주 100단어 도전 활동을 함께 참여합니다.

- **디지털화되지 않는 창작물의 공유** – 조형물과 같이 디지털화하기 힘든 창작물인 경우 이미지를 찍어 구글 프레젠테이션의 슬라이드에 삽입하여 소개할 수 있습니다. 여기에서 스냅샷 (Snapshot) 찍기를 선택할 수 있으며 웹캠을 사용하여 자신이 작업중이거나 완료한 창작물의 사진을 찍을 수 있습니다.

- **클릭하고 듣기** – 학습자는 자신의 아이디어, 감정 또는 전달하고 싶은 내용 등을 나타내는 이모티콘을 비트모지 (Bitmoji)앱을 통해 선택하여 재미 있고 창의적인 방식으로 전달할 수 있습니다. 또한 크롬확장 프로그램 중 톡앤코멘트 (Talk and Comment)를 사용하여 설명을 추가하도록 하고 생성된 녹음 링크를 사용하여 이모티콘이나 이미지에 하이퍼링크를 추가할 수도 있습니다.

- **'생각-이미지-공유' 활동** – 학습을 통해 얻은 아이디어나 좋아하는 인용 어구를 나타내는 이미지를 검색한 다음 텍스트를 그림과 배치하여 '생각-이미지-공유' 활동을 할 수 있습니다.

- **흥미 있는 템플릿 사용 활동** – 마치 인스타그램 프로필과 같이 독창적인 템플릿을 사용하여 과학이나 수학의 개념을 의인화하여 설명하거나, 단원에 등장하는 인물의 프로필을 소개하는 활동을 할 수 있습니다.

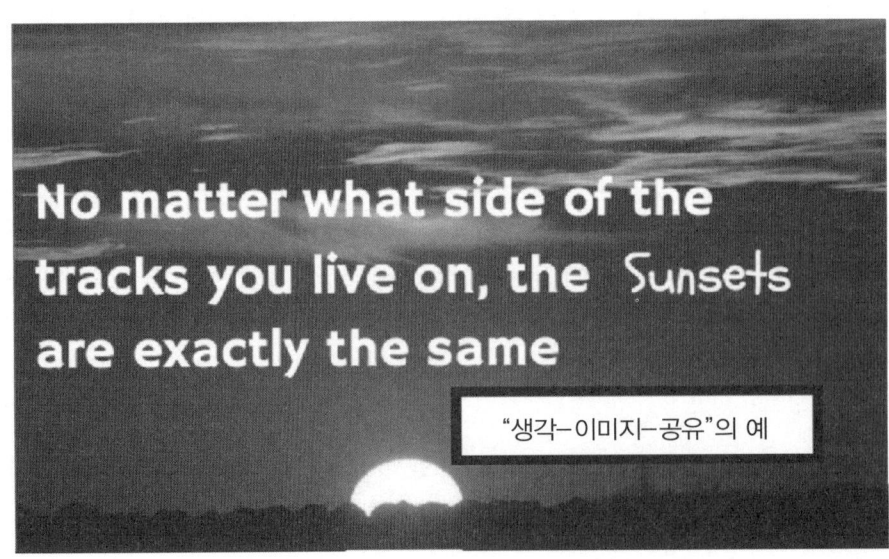

"생각-이미지-공유"의 예

활용 2

- **학습자들의 창작물 갤러리** – 학생들은 프레젠테이션 모드를 이용해 서로의 창작물을 볼 수 있습니다. 이는 모든 학생들이 협력적으로 한 슬라이드에 자신의 창작물을 추가하거나 자신의 슬라이드를 보여주는 방식으로 공유할 수 있습니다.

교사를 위한 활용 제안 – 교사는 구글 프리젠테이션을 활용하여 제작한 학습 목표와 활동 안내 사항을 프레젠테이션 발표기능을 활용하여 직접 설명해 봅니다. 스크린캐스티파이 (Screencastify)로 미리 화면 녹화 영상을 제작할 수도 있습니다.

확장프로그램 활용 – 여론 조사가 가능한 슬라이드 확장 프로그램인 폴 에브리웨어 (Poll Everywhere)[1]를 설치하여 학생들로 하여금 질문에 대답하거나 제공된 표에 자신의 생각을 기록하도록 합니다.

> "우리가 혼자서 할 수 있는 일은 거의 없다. 우리는 함께 할 때 많은 것을 할 수 있는 것이다."
>
> –헬렌 켈러 (Helen Keller)

---

[1] 폴 에브리웨어 (Poll Everywhere) : 실시간 강의실 응답 및 청중 응답 시스템을 위한 온라인 서비스이다. (출처 위키백과)

구글 프레젠테이션 (GOOGLE SLIDES)

구글과의 통합 : 구글 드라이브 (Google Drive)와
스크린캐스티파이 (Screencastify)

구글 프레젠테이션 (GOOGLE SLIDES)은 무엇인가? 대부분의 사람들은 구글 프레젠테이션을 흔히 발표를 위한 시각적이고 협력적인 온라인 플랫폼으로 생각하지만 그보다 더 많은 기능이 있습니다. 학습자는 이를 활용함으로써 자신의 학습을 시연할 수 있고 물리적 교실 밖에 있는 다른 청중 및 학습자들과 소통하고 자신의 학습 결과물을 효율적으로 공유할 수 있습니다.

추천 이유... 글, 사진, 그림, 동영상, 오디오 및 다양한 과학과 수학 수식 등을 추가할 수 있습니다. 또한 음성 입력이 가능하고 학생들의 디지털 기술 활용 수준에 따라 놀라운 애니메이션을 만들 수도 있습니다.

설치/설정... (난이도 하) 구글 드라이브 (Google Drive)를 열고 좌측 상단의 새로 만들기 아이콘을 클릭한 후 '구글 프레젠테이션'을 선택하면 새로운 슬라이드를 만들 수 있습니다.

 **TIP (조언) :** slides.google.com 또는 slides.new 를 통해 구글 프레젠테이션을 시작할 수 있습니다.

제출 방법... 공유 링크를 통해 구글 클래스룸에 게시하거나 제출할 수 있습니다.

장점... 학습자들이 동시에 동일한 프레젠테이션 파일을 만들고 편집한 후 작업한 파일을 웹에 게시하여 공유할 수 있습니다.

제공 정보... 학습자의 학습에 대한 이해도를 점검하고 목표한 학습 결과의 달성 여부를 평가하는 데 유용하게 사용될 수 있는 문서를 쉽게 만들고 검색할 수 있습니다.

다음의 디지털 도구들과 함께 활용

유튜브 (YouTube)

구글사이트 (Google Sites)

구글 클래스룸 (Google Classroom)

스크린캐스티파이 (Screencastify)

학습시연 8.
협동 작문 활동

이 활동이 필요한 이유 – 공동 작문활동을 통해 학습자들은 다른 사람들과 협력하여 자신의 생각을 넓히고 폭넓게 글쓰기 역량을 발전시킬 수 있습니다.

학습자의 사고를 시각화하는 방법 – 학생들이 공동 작업을 할 때, 자신의 생각을 서로에게 잘 설명할 수 있어야 합니다. 구글 문서 (Google Docs)의 댓글 기능을 통해 이러한 작업을 할 수 있습니다. 또한 톡앤코멘트 (Talk and Comment) 크롬 확장 프로그램의 음성 녹음 기능을 사용하여 공동 작업자에게 음성 댓글을 남길 수 있습니다.

학습자의 목소리를 증폭시키는 방법 – 글쓰기가 느린 학생들도 짝을 이루어 공동으로 작업을 할 때 주어진 시간동안 더 많은 글을 쓸 수 있는 경우가 종종 있습니다. 학생들은 협업활동을 통해 더 많은 아이디어를 내고 다른 사람들의 관점과 시각을 통해 자신의 아이디어들을 선별하고 발전시키게 됩니다.

학습자가 자신의 학습 결과물을 공유하는 방법 – 협동 작문을 위한 문서를 먼저 공동 작업자와 공유하고 나중에 원한다면 더 많은 사람들과 공유할 수 있도록 파일을 웹이나 구글 클래스룸 또는 구글 사이트에 게시할 수 있습니다.

학습자를 위한 활동 제안 – 학생들은 협동 작문 활동을 위해 문서 파일, 그림, 표, 일지, PDF 읽기전용 문서 등을 활용할 수 있습니다.

- **음성 입력 (음성을 텍스트로 변환)** – 구글 문서의 도구 메뉴에서 이 기능을 찾을 수 있으며 아직 컴퓨터로 타자를 칠 수 없거나 자신의 생각을 글로 쓰는 것보다 말로 표현하는 것이 편한 학습자에게 유용한 기능입니다.

- **음성 댓글 (톡앤코멘트 크롬 확장 프로그램 활용)** – 음성 안내를 선호하는 학습자를 위해 음성 댓글을 남길 수 있고 또한 자신이 학습한 내용이나 창작물을 크게 읽고 녹음하거나 음성 메모를 남길 수 있습니다

- **읽기 유창성 일지 –** 학습자는 구글 문서에 첨부된 PDF 파일을 큰 소리로 읽으며 스크린캐스티파이 (Screencastify)를 사용하여 녹화합니다. 녹화된 영상을 교사와 공유하거나 자신의 포트폴리오에 추가할 수 있습니다.

- **버전 기록 –** 학생들이 한 문서에서 공동 작업할 때, 파일 메뉴의 버전 기록을 통해 문서안에서 작업하고 수정한 이력을 한눈에 볼 수 있게 됩니다. "변경사항 표시" 기능을 통해 학습자들이 최종의 결과물을 만들 때까지 얼마나 기여했는지를 확인할 수 있습니다.

활동 1 – 최소 두 명 이상의 학습자들이 협력하여 작문 과제를 수행하게 합니다. '문서 공유' 기능을 사용하여 공동 작업자를 초대한 후 한 문서안에서 공동 작업을 할 수 있으며, 이때 공동작업자들은 수정가능 권한이 있어야 합니다.

활동 2 – 짧은 스토리를 PDF 파일로 첨부하여 줄거리의 특정부분에 대한 학생들의 생각을 댓글 기능을 통해 설명하도록 합니다. 이 기능은 학생들의 생각을 문서의 여백에 쓰는 것과 유사합니다.

교사를 위한 활용 제안 – 하이퍼닥스 (HyperDocs, 48쪽 참조)를 활용한 교수요목이나 강의 계획서를 작성하여 학생들과 공유할 수 있습니다.

> "나에게 공동작업에서 가장 즐거운 부분은 다른 사람들과 협력함으로써 내 자신이 더 똑똑해 진다는 것이고 이것은 이미 입증된 사실이다."
>
> – 린마누엘 미란다 (Lin-Manuel Miranda)

구글 문서 (GOOGLE DOCS)
구글과의 통합 : 구글 클래스룸 (Google Classroom)

구글 문서 (GOOGLE DOCS)는 무엇인가? 과거에는 글쓰기가 개인적이고 고립된 활동이었습니다. 그러나 이제 구글 문서 덕분에 여러 학습자가 동시에 단일 문서를 쉽게 공유하고, 함께 편집하며 댓글을 통해 문서안에서 소통할 수 있게 되었습니다.

추천 이유... 구글 문서는 클라우드에 저장되며 모든 디지털 기기에서 열람과 문서 작성 작업이 가능합니다. 또한 시간과 공간의 제약없이 전 세계 어느 누구와도 공동 문서 작업을 할 수 있게 하는 협업에 최적화된 도구입니다.

설치/설정...(난이도 하) 구글 드라이브 (Google Drive)를 열고 좌측 상단의 새로 만들기 아이콘을 클릭한 후 '구글 문서'를 선택하면 새로운 문서를 만들 수 있습니다.

 **TIP (조언) :** docs.google.com 또는 docs.new 접속을 통해 구글문서를 시작할 수 있습니다.

제출 방법... 공유 링크를 통해 구글 클래스룸에 게시하거나 제출할 수 있습니다.

장점... 함께 공동 작업하는 과정에서 수정 제안 기능과 댓글 기능을 통해 문서를 함께 편집할 수 있어 쉽게 협업할 수 있습니다.

정보 제공 방식... 기본적으로 텍스트 형식으로 정보를 제공하지만 이미지나 도표 등을 삽입할 수 있습니다.

다음의 디지털 도구들과 함께 활용

구글 드로잉 (Google Drawings)

스크린캐스티파이 (Screencastify)

구글 클래스룸 (Google Classroom)

톡앤코멘트 (Talk and Comment)

학습시연 9.
상호 협력적 화이트보드 활용 활동

이 활동이 필요한 이유 – 상호 협력적 대화형 화이트보드는 애니메이션, 비교, 대조, 영화 제작 및 스케치 노트 만들기 활동 등을 할 수 있는 매우 강력한 플랫폼입니다. 또한 학습자들이 학습 내용을 습득하고, 설명하며 성찰할 수 있도록 학습지원이 가능합니다. 기본적으로 학습자들은 거의 모든 학습 활동을 상호 협력적 화이트보드에서 수행할 수 있으며, 가장 좋은 도구로서 익스플레인 에브리씽 (Explain Everything)을 소개합니다.

학습자의 사고를 시각화하는 방법 – 학생들은 자신이 학습한 내용을 이해하고 생각하는 과정을 보여줄 수 있습니다. 학습자는 어떤 과정을 통해 학습을 진행하고 있으며, 각 학습 단계에서 생각했던 것을 화면에 보여주며 설명하면서 화면 녹화를 할 수 있습니다.

학습자의 목소리를 증폭시키는 방법 – 보다 강력한 도구와 기능을 사용하여 자신만의 독창적인 학습 방식을 소개하고 자신의 생각을 표현할 수 있습니다. 이러한 향상된 기능을 통해 학습 결과물을 공유하고 시연할 수 있는 역량이 증폭되고 강화됩니다.

학습자가 자신의 학습 결과물을 공유하는 방법 – 학생들은 자신의 창작물을 게시하여 학급 뿐만 아니라 전 세계 청중들과 공유할 수 있습니다. 또한 실시간으로 다른 학생들과 공동작업을 할 수도 있습니다.

학습자를 위한 활동 제안

- **학습 튜토리얼 영상 (학습방법 설명 영상) 만들기 –** 수학, 외국어 또는 수업에서 배우는 모든 개념 중 스스로 학습하며 이해하는 과정을 동영상으로 제작합니다. 이렇게 제작한 동영상들을 목록화하거나 학습에 도움이 되는 유튜브 채널들을 목록화하여 다른 학습자들과 후배들의 학습을 돕게 됩니다. 잘 만들어진 영상들은 수업시간에 다른 학생들의 차별화 학습에 도움이 되는 보조 학습 자료로 활용될 수 있습니다.

- **영상 비교 및 대조 활동 –** 유사한 상황에 대해 서로 다른 동영상들을 목록화하는 활동입니다. 시간 간격을 두고 하나의 과학 실험을 녹화한 영상들을 예로 들 수 있습니다. 같은 실험인데 왜 시간이 경과함에 따라 다른 결과와 과정이 녹화되었는지 성찰하고 이를 과학적으로 추론하여 설명하도록 함으로써 학생들의 이해 정도를 파악할 수 있습니다.

- **음성 해설과 스케치 노트 만들기 –** 시각적 학습자에게 유익한 기법입니다. 학생들은 마인드 매핑 또는 스케치 노트 기법을 사용하여 수업 내용을 필기할 때 여러 아이디어를 스케치하고 녹화 기능을 사용하여 사고 과정을 설명할 수 있습니다.

- **유창함과 이해력 점검 활동 –** 익스플레인 에브리씽 (Explain Everything)에 스토리를 업로드한 다음 녹음 도구를 사용하여 소리 내어 읽기를 한 후 이를 화면 녹화합니다. 이때 포인터 기능을 사용하여 읽는 부분을 화면에 표시하며 읽기를 진행할 수 있습니다. 녹화가 끝나고 난 후, 학생들에게 활동에 대한 간단한 요약문을 작성하게 하고 본문을 읽으며 흥미로웠던 부분이나 변화한 점에 대해 함께 토의합니다. 매달 1회 정도 이러한 활동을 1년 (또는 1학기) 동안 지속하여 학습자의 읽기 유창성과 문해력 향상 정도를 확인하고 이를 바탕으로 학생들의 성장 과정을 차트에 기록할 수 있습니다.

- **대화형 타임 라인 –** 익스플레인 에브리씽 (Explain Everything)에 역사적 사건과 관련된 이미지와 텍스트를 시간순으로 배열하고 자신의 목소리로 설명하며 이를 녹음하도록 합니다.

추가 활동

- **블랙 아웃을 활용한 시 창작 활동 –** 장문의 시, 신문 사설 또는 다양한 스토리 (텍스트 기반의 모든 글)를 업로드하고 주제와 관련없는 단어들을 지워가며 시의 형태로 완성해가는 활동입니다.

- **디지털 화이트보드를 활용한 애니메이션 제작 활동 –** 기본적으로 그림과 함께 스토리를 이야기하는 활동입니다. 학습자는 스토리를 완성해가는 과정을 디지털 화이트보드에 그림을 그리면서 설명하는 방식으로 이야기를 전개하는 과정에서 새로운 그림이 나타나고 사라지는 과정을 화면 녹화하여 마치 애니메이션을 제작하는 것과 같은 학습 결과물을 만들 수 있습니다. 다음의 링크를 통해 사례 동영상을

확인할 수 있습니다. (RSA Animate가 Ken Robinson의 Ted Talk에서 보여준 사례 동영상 링크 : https://youtu.be/deYjatIfWVU).

- **가상 해외 여행** – 외국어를 학습하는 학생들은 해당 외국어를 사용하는 유명한 도시를 가상으로 여행하는 활동을 통해 실제 외국어로 대화하는 능력과 현지인과 같은 억양 연습을 할 수 있습니다.

- **자/모음과 초성으로 보물 찾기** – 학생들은 특정한 초성으로 시작하는 단어의 이미지나 해당 물건을 찾기 위해 교실 또는 교내를 탐색합니다. 그리고 자신이 보물을 발견하는 과정이나 찾은 보물을 설명하는 화면 녹화영상을 만들어 제출합니다.

교사를 위한 활용안

- **주문형 학습자료 만들기** – 기본 도구로 익스플레인 에브리씽 (Explain Everything)을 사용합니다. 교사가 수업하는 동안에 익스플레인 에브리씽을 사용하여 화면에 보이는 수업 내용과 교사의 설명을 녹화할 수 있습니다. 녹화된 영상은 수업 후 맞춤형 학습자료로 필요한 학생들과 공유합니다. 이렇게 제작된 동영상들은 학생들을 위한 차별화 학습자료로 활용될 수 있으며 추후에 자료 은행을 만드는데 활용될 수 있습니다.

- **과제 수행방법과 채점기준 설명하기** – 교사는 익스플레인 에브리씽 (Explain Everything)의 기능을 활용하여 특정 과제를 수행하는 방법과 학습자가 자기의 생각을 확장시키고 발전시키는 방법, 그리고 과제의 채점 기준 등을 설명하는 영상을 만들어 학생들과 공유합니다.

> "테크놀로지는 교사와 학생간의 관계 및 학습과의 상호작용을 강화하기 위해 사용되어야 하며 이들의 관계나 상호작용을 대체하기 위해 사용되어서는 안된다."
>
> – 레샨 리차드 (Reshan Richards)

익스플레인 에브리씽 (EXPLAIN EVERYTHING)
구글과의 통합 : 구글 드라이브 (Google Drive)

익스플레인 에브리씽 (EXPLAIN EVERYTHING)은 무엇인가? 공동작업이 가능한 온라인 화이트보드로서 학생들은 거의 모든 형식의 파일을 추가할 수 있습니다. 또한, 그림을 그리거나 다양한 콘텐츠를 작성하고 화면에 보이는 이 모든 과정을 해설과 함께 녹화할 수 있으며 이를 외부로 쉽게 내보낼 수 있습니다.

추천 이유... 학생들은 애니메이션, 동영상, 학습 보조 자료 및 자습 자료 등을 쉽게 제작할 수 있습니다. 하나의 응용 프로그램 안에서 텍스트 기반 자료 및 시각적 메모를 작성하는 스케치노트 (Sketchnote) 기능을 활용할 수 있습니다.

설치/설정...(난이도 하) 화이트보드를 설치하고 사용하는 것은 매우 쉽습니다. 단, 상호협력적 시각 자료나 수업 자료를 만들 수 있는 응용 디자인 도구를 활용하는 과정이나 디자인을 삽입하는 과정에는 약간의 디지털 기술이 필요합니다.

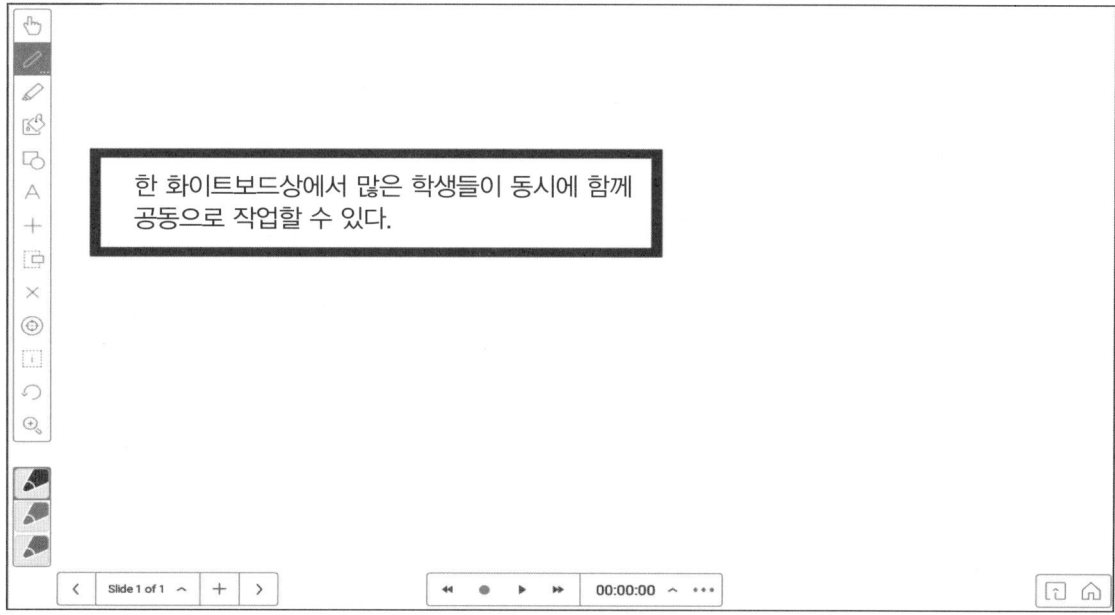

장점... 거의 모든 형식의 파일 (이미지, 문서, 동영상, 웹 사이트, 수학 수식 등)을 거의 모든 곳에서 가져오고 내보낼 수 있습니다.

제공 정보... 동영상, PDF, 이미지 또는 편집 가능한 프로젝트 파일을 콘텐츠로 활용하고 저장할 수 있습니다.

제출 방법... 온라인 공유 커뮤니티인 익스플레인 에브리씽 디스커버리 (Explain Everything Discover) 웹사이트나 구글 드라이브에 업로드하여 저장합니다.

정보 제공 방식... 영상 또는 이미지로 정보를 표시하며 구글 드라이브, 구글 클래스룸, 구글 사이트, 구글 프레젠테이션, 구글 문서 등 구글의 앱들과 호환이 용이합니다.

비용 : 연간 구독 (사용자당 연간 미화 $2.67)

학습자는 학습의 과정에서 창착하는 다양한 결과물을 목록화하고 자신의 학습 경험을 성찰할 공간이 필요합니다. 다음 섹션에서는 학습자의 학습과 성장을 반영하는 학습성찰에 관해 살펴보고자 합니다. 학습자들이 자기의 학습을 성찰하고, 생각을 시각화하며, 자신의 목소리를 증폭시키고, 창작물들을 실질적인 청중(독자)들과 공유하는데 도움이 되는 디지털 도구들을 검토해보고자 합니다.

삽입하기 : 이미지, 동영상, 문서 파일, 클립 차트, 검색창, 새로운 사진, 학생들의 학습에 길잡이가 되는 역동적인 자습 동영상과 수식들

완성된 영상을 내보내기 위한 다양한 옵션을 제공합니다.

학습 성찰 및 목록화와 디지털 도구들

형성평가

차별화 교육을 위한 조언

학습 시연

성찰과 목록화

교육자로서 우리의 임무는 학습자들이 개념과 아이디어를 이해하고 지식을 쌓아가도록 돕는 것입니다. 우리는 학습자들이 학습 과정에서 단순한 정보의 소비자가 되기 보다는 정보와 지식의 생산자가 되기를 희망합니다. 궁극적으로 교사는 학생들이 교실에서 경험하는 모든 것들이 그들의 지적 호기심과 평생 지속될 학습에 대한 열정을 불러일으키는 원동력이 되기를 원합니다.

성찰은 모든 학습자 중심의 교실에서 필수적으로 수행되어야 할 실천 사항입니다. 그러나 현실에서는 학습의 과정에서 이 단계가 종종 생략되는 경우가 있는 데 다음과 같은 이유를 생각해 볼 수 있습니다. 첫째, 성찰의 과정은 숙달되기 쉽지 않으며 학생들은 학습 과정에서 성찰의 기회를 거의 얻지 못하기 때문에 성찰을 제대로 하기는 어렵습니다. 둘째, 대부분의 교사들은 학업적 성찰에 대해 훈련을 받아본 적이 없고 학생들을 지도하는 과정에서 어느 시기에 성찰을 해야 하는지에 대해 확실히 알지 못합니다. 셋째, 성찰은 시간이 걸리는 작업이며 특히 많은 양의 진도를 고려해야 하는 상황에서는 쉽게 생략되는 단계입니다.

이 기회를 통해 교사들이 학습 성찰이라는 매우 소중한 실천을 의도적으로 수업에서 시도해보았으면 합니다. 비록 교사에게 이 과정이 새로운 교수법을 익히는 것 같기도 하고, 익숙하고 숙달될 때까지 어느 정도의 학습과 훈련이 필요할 수도 있지만, 교육적 모험과 도전이라고 생각하면 좋겠습니다. 학습 성찰을 통해 학습자는 (1) **학습 콘텐츠**와 (2) **자신의 학습 특성**, (3) **자신의 지식을 앞으로의 학습에 어떻게 적용할지에 대해 이해**하게 됩니다. 교사는 학습 성찰이 이러한 과정에 큰 도움이 된다는 것을 알게 됨으로써 학습 과정에서 학습 성찰

> "우리는 경험으로부터 배우는 것이 아니라 경험에 대한 성찰로부터 배우는 것이다."
>
> – 존 듀이 (John Dewey)

을 수행하게 됩니다. 예를 들어 강아지 한 마리를 분양 받게 된 상황을 상상해 봅시다. 처음에는 얼마나 많은 수고를 해야 할지 생각하지 못한 채 반려견을 키우기로 결심하게 됩니다. 그리고 그 과정에서 예상치 못한 많은 책임과 도전을 마주하게 되지만 결국 최고의 친구 또는 가족의 일부가 되는 경험을 하곤 합니다. 이렇듯 성찰을 수업과 융합하는 과정은 우리에게 모험과 도전이 될 것입니다. 그러나 학생들의 성장을 통한 놀라운 경험을 하게 될 것입니다.

교육자로서 우리는 학습자들에게 성찰하는 방법을 가르쳐야 합니다. 학습자들은 학습의 여정에서 잠시 멈추고 자신의 학습을 되돌아보며 진정한 학문적 지식에 도달하는 방법이 무엇인지를 사색하는 데 일정 시간을 기꺼이 할애해야 한다는 것을 이해할 필요가 있습니다. 자신의 학습 과정에 대해 의견을 제시하고 학습의 과정을 재검토하는 일련의 과정 속에서 학습과 더 깊이 연결되고 스스로에 대한 평가와 자발적인 성찰을 경험하게 됩니다. 이것은 학습으로서 평가 활동이며 학습 콘텐츠 못지 않게 학습과 성장에 매우 중요한 요소가 됩니다.

학습 성찰은 질문들과 일상 활동들에 기반한 구술 기반 성찰과 텍스트 기반 성찰을 모두 포함합니다. 학생들이 학습하는 데 필요한 특정한 질문을 할 수도 있고 또는 쉬운 질문으로 시작하여 깊은 내면의 성찰을 이끌어 가는 비계 접근 방식을 사용할 수도 있습니다. 최종 목표는 학습자가 성찰을 실천하고 발전시키도록 하는 것입니다. 결국 성찰의 기술은 삶을 변화시키는 기술입니다. 잠시 이러한 세상을 상상해 봅시다. 사람들이 자신이 내린 결정에 대해 비판적으로 성찰하고 다음에 더 나은 결정을 할 수 있는 방법을 신중하게 찾는 세상을 상상해봅니다. 이러한 시나리오를 염두에 두고 어떤 것을 학생들에게 가르치는 것이 더 중요한가 스스로에게 자문해봅니다. 우리는 성찰의 중요성과 미국의 남북전쟁이 일어난 날짜 중에 어떤 것을 학생들에게 가르쳐야 하는지에 대해 고민해 볼 필요가 있습니다.

이 섹션에서는 학생들의 의미있는 성찰의 과정에 도움이 되는 디지털 기술과 도구에 관한 정보를 소개하고자 합니다. 이러한 도구들을 통해 학생들은 자신의 생각을 기록하고 학습 내용을 보여주며 학습 과정에 대해 비판적으로 설명할 수 있게 될 것입니다.

학습 성찰을 훈련하기 위해 학습자가 쉽게 시도해 볼 수 있는 네 가지 방법을 다음과 같이 소개하고자 합니다.

1) 학습 일지나 일기 제작하기

학습자는 특정한 기간 또는 한 주 동안 학습에 활용한 방법 중 세 가지를 선택하여 학습 일기나 학습 영상 일지를 페어덱 (Pear Deck, 100쪽 참조) 또는 시소 (Seesaw, 98쪽 참조)와 같은 앱을 사용하여 만들 수 있습니다. 이를 통해 학습자는 학습 방식에 대한 다양한 용어를 이해하고 되고, 교사는 학습자가 선호하는 학습 방식을 알게 됩니다. 학습자는 다음과 같은 문장으로 시작하여 각 학습 방식에 대한 자신의 의견을 학습 일기에 기록하거나 음성 또는 영상 녹화 일지에 담을 수 있습니다.

- 나는 **예측**을 통해 학습했다.
- 나는 **상황 단서**를 통해 학습했다.
- 나는 **이웃과의 대화**를 통해 학습했다.

2) 자신에게 편지쓰기

학습자는 시소 (Seesaw)나 구글 문서 (Google Docs)를 사용하여 자신에게 편지를 써 봅니다. 이때 자신의 학습 과정과 학습 수행 단계에 대한 설명과 자신이 학습한 내용들을 현실 세계에 어떻게 적용할 수 있는지에 관한 설명을 편지에 추가합니다.

3) 학습자인 자신에게 조언하기

패들렛(Padlet)이나 시소 (Seesaw)를 사용하여 학생들은 다음 단원을 학습하는 자신에게 조언을 남길 수 있습니다. 예를 들어, 다음 단원을 학습할 때는 이런 점을 개선하는 것이 좋겠다는 제안을 하거나 자신의 학습 패턴에 대한 논의, 자신의 강점에 대한 자세한 설명, 다음 단원을 준비하는 데 필요한 점들을 스스로에게 조언하는 것입니다.

저학년 학생들의 경우, 문장 완성하기 활동부터 시작할 수 있습니다. 예를 들어, 학생들은 다음의 미완성 예시문장을 완성된 문장으로 만들어 설명하는 활동을 시소

(Seesaw)의 녹화 기능을 활용하게 영상으로 제작합니다.

- 나는 ...을 잘했어요....
- 나는 ...을 좋아해요....
- 나는 ...에 문제가 있었어요....
- 다음번에 나는 ...할 수도 있어요.... (할 지도 몰라요....)

4) 학습 성찰 영상 만들기

학습자는 스크린캐스티파이 (Screencastify)나 플립그리드 (Flipgrid)를 사용하여 자신의 학습에 관해 설명하고 사고의 과정을 보여주는 학습 성찰 영상을 만들 수 있습니다.

이러한 활동은 학습자의 학습 단계나 성찰 프로그램의 진행 방법에 상관없이 매우 중요한 과정입니다. 더 중요한 것은 학습자들이 서로의 학습 성찰을 공유함으로써 더 풍부하고 강력한 성찰을 하는 데 도움이 된다는 것을 경험하게 되고, 지속적이고 효과적인 학습 성찰을 위한 도구의 필요성을 인식하고 그러한 도구들을 개발할 수 있다는 것입니다. 시간이 지남에 따라 이러한 과정이 좀 더 정교화될 수 있도록 학습 성찰을 영상으로 제작하는 활동은 꾸준히 지속되어야 합니다.

전략

첫 번째로, 교사는 학습자가 학습을 진행하는 과정중, 그리고 단원을 마무리하기 전에 학습자가 어떻게 학습 성찰을 할 것인지 결정해야 합니다. 이때 교사는 학습자가 자신의 학습 목표를 달성하기 위한 방법에 대한 정보를 수집하도록 안내합니다. 교사는 수집된 정보를 활용하여 비계 안내 문항들을 만들어 학습자에게 질문합니다. 이러한 활동은 학습자의 사고 과정을 촉진하는 데 도움이 됩니다.

TIP (조언) : 아래의 링크를 통해 사고 전략에 대한 자세한 정보를 검색할 수 있습니다. bit.ly/GICThinking.

다음으로, 교사는 학습자가 사용하기 쉬운 도구 또는 플랫폼을 선택해야 합니다. 이때 교사는 자신이 선택한 도구와 플랫폼이 학습자가 기대하는 수준의 생각의 깊이에 도달하는 데 도움이 되며 학습 성찰을 촉진하는지 점검해야 합니다. 이 과정에서 학습자를 평가하는 것은 권장하지 않습니다. 만약 학습자의 성찰 내용을 평가한다면 학습자는 자신의 학습에 대해 비판적이고 정직한 성찰을 하지 않을 것입니다.

마지막으로, 학습자의 성찰에 대한 교사의 적절한 반응이 필요합니다. 이를 통해 학습자는 자신의 성찰 활동이 평가에 직접적으로 반영되지 않을 지라도 교사가 관심을 가지고 중요시 여기는 활동으로 인식하기 때문입니다. 교사는 학습자의 학습 성찰을 통해 수집된 데이터를 참조하여 스스로를 평가하고 수업에 필요한 부분을 조정하는 데 활용할 수 있습니다.

TIP (조언) : 교사는 수업 시간동안 학생들이 학습 성찰을 할 수 있는 시간을 미리 계획하도록 합니다. 의도적으로 이렇게 하지 않는다면 학생들은 학습 성찰을 경험할 기회가 거의 없을 것입니다. 또한 학생들이 서로의 학습 성찰 경험을 모델링 할 수 있도록 안내합니다.

플립그리드 (Flipgrid)

스크린캐스티파이 (Screencastify)

패들렛 (Padlet)

시소 (Seesaw)

페어덱 (Pear Deck)

플립그리드 (FLIPGRID)
구글과의 통합 : 구글 클래스룸 (Google Classroom)

플립그리드 (FLIPGRID)는 무엇인가? 영상을 활용한 응답을 바둑판 모양의 격자 틀에 주제별로 담을 수 있는 플랫폼입니다. 플립 러닝 (거꾸로 학습)을 지원하는 바둑판 모양의 판을 그리드라고 하여 명칭이 플립그리드가 되었습니다. 바둑판 모양의 격자 틀에 주제별로 영상들이 배열됩니다. 주제의 제한은 없으며 과목별로 중요한 논의가 필요한 질문들이 주제로 활용됩니다.

추천 이유... 격자 무늬로 영상들이 배열되어 있어 자신의 응답 영상 뿐만 아니라 다른 학습자들이 올린 영상을 쉽게 시청하고 답글을 남길 수 있습니다. 수업 시간에 손을 잘 들지 않거나 답변이 느리고 소극적인 학습자들은 플립그리드를 통해 참여할 수 있는 기회를 얻을 수 있습니다. 특히 자신의 영상을 제작하고 게시하는 데 시간이 더 필요한 학습자들에게는 매우 유용합니다. 또한 영상으로 응답하고 게시하는 활동을 통해 구술로 응답하는 역량이 발전되고 강화됩니다. 영상으로 응답하는 활동은 다양한 토론 활동을 더 발전시키는데 촉매 역할이 되기도 합니다.

설치/설정...(난이도 하) 교사는 격자판 (Grid)의 이름을 설정하고 학생들의 영상 응답을 받기 위한 질문을 게시하면 모든 준비가 완료됩니다. 하나의 격자판 (Grid) 안에 무한한 주제에 대한 응답 영상을 올릴 수 있습니다. 예를 들어 "아웃 사이더"라는 이름의 격자판을 선택한 후많은 소주제와 토의 내용을 담을 수 있습니다.

학습자를 위한 활동 제안... 다른 학습자들의 영상을 보고 서로에게 배우고 서로의 학습을 비교할 수 있으며 이를 통해 자발적인 성찰을 할 수 있게 됩니다. 이러한 활동을 통해 학생들은 '생각에 대한 생각'을 하게 되며 자연스럽게 메타인지 과정으로 진입하게 되는 것입니다.

제공 정보... 학생들은 플립그리드를 사용하여 수업시간에 토론으로 이어질 수 있는 응답 영상을 제작하여 공유할 수 있으며 격자모양 틀에 다른 사람들이 찾기 쉬운 위치를 선택하여 자신의 영상을 배치할 수 있습니다.

장점... 영상과 미디어를 통해 다른 사람들과 효과적으로 의사소통하고 댓글을 남기는 활동을 하면서 디지털 시민성 훈련도 병행할 수 있다는 장점이 있습니다.

참고 : 교사는 먼저 학생들에게 올바른 댓글 달기와 의미 있는 응답에 대한 안내를 선행해야 합니다. 학생들은 스스로 이러한 훈련을 하는 방법을 모릅니다. 학생들은 대부분 디지털 기기를 통해 영상을 제작하거나 셀카를 찍거나 카톡 같은 메신저를 통해 소통하는 데 많은 시간을 보내기 때문입니다. 이제 교사는 소셜 미디어의 영향력과 재미를 활용한 수업을 시도할 수 있습니다.

정보 제공 방식… 모든 정보와 영상이 격자모양으로 표시되어 시각적으로 쉽게 탐색하고 평가할 수 있습니다.

수업 활용 예시…

단원 마무리 단계에서 생각하는 일상활동 – 각 단원의 마무리 단계에서 학습 성찰 활동으로 생각하는 일상 활동을 다음과 같이 활용할 수 있습니다.
예시문장 : "나는 과거에 … 라고 생각했지만 지금 나는 … 라고 생각한다."

과학 프로젝트 수업 – 학생들에게 과학 프로젝트를 진행하는 동안 시간경과에 영상을 찍게 하고 그 영상들을 플립그리드에 업로드하게 합니다. 댓글 달기 기능을 활용하여 프로젝트 진행과정과 분석결과에 대한 간단한 설명을 추가할 수 있습니다.

미술 수업 – 학생들에게 플립그리드를 사용하여 특정 예술 작품에 대한 해석 영상을 올리도록 합니다. 또한 다른 학습자들이 올린 해석 영상을 보고 서로의 해석이 다른 이유는 무엇인지에 대해 생각해 보도록 합니다.

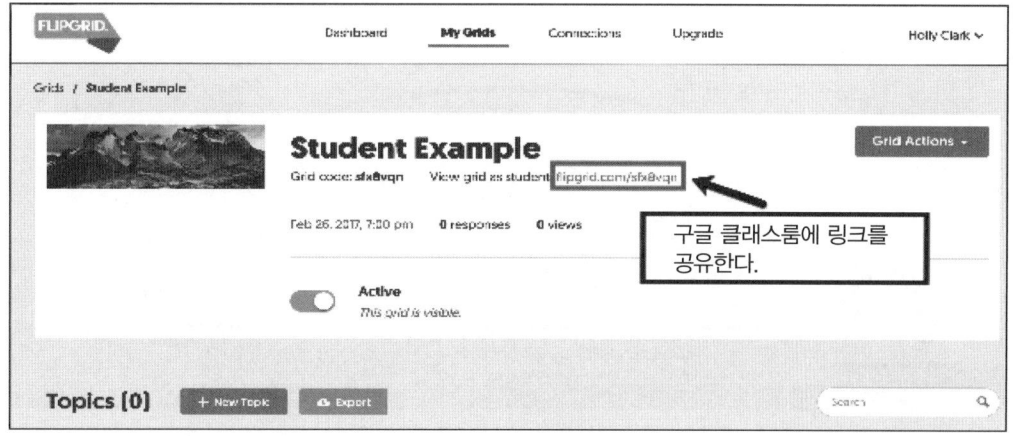

스크린캐스티파이 (SCREENCASTIFY)
구글과의 통합 : 구글 드라이브 (Google Drive)

스크린캐스티파이 (SCREENCASTIFY)는 무엇인가? 오디오를 포함하여 화면 내의 모든 활동을 녹화하고 기록할 수 있는 크롬 확장 프로그램입니다.

추천 이유... 학생들은 스크린캐스티파이의 도구들을 사용하여 자신이 학습한 내용을 정리한 문서나 학습 결과물을 화면에 띄운 후 대화를 하는 것처럼 설명을 하며 화면 녹화를 할 수 있습니다.

설치/설정...(난이도 하) 먼저 크롬 웹스토어 (Chrome Web Store)에서 스크린캐스티파이를 검색한 후 크롬 브라우저에 추가합니다. 그리고 크롬창을 열고 설치한 스크린캐스티파이 아이콘을 클릭한 후 화면에 구글 프레젠테이션, 구글 문서 또는 기타 다양한 자료를 띄우고 설명 또는 발표를 하며 화면 녹화를 시작합니다.

학습자를 위한 활동 제안... 화면에 학습과정의 결과물들을 열어 놓고 학습을 하는 과정을 대화형식으로 설명하며 녹화합니다. 이를 통해 자신의 학습과정을 기록할 수 있습니다. 탭 녹화 기능을 선택하면 녹화중 활용할 수 있는 다양한 기능의 도구들이 화면 좌측 하단에 표

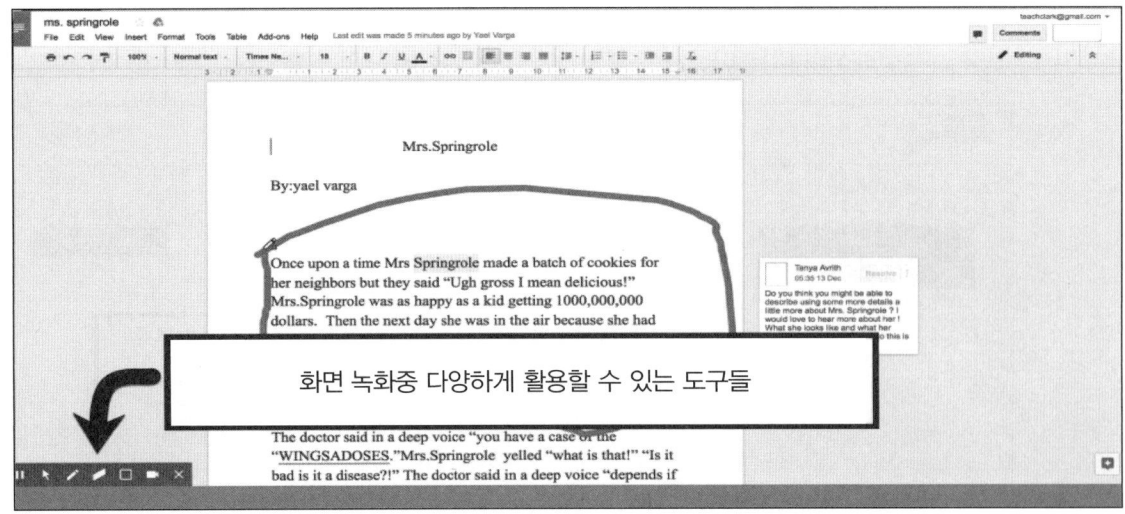

화면 녹화중 다양하게 활용할 수 있는 도구들

시됩니다. 이 도구들을 활용하여 화면에 표시된 내용에 주석을 달 수 있고 자신의 학습 과정에 대한 설명을 추가할 수 있습니다.

교사를 위한 정보 제공... 학습자가 스크린캐스티파이를 활용하여 자신의 학습에 대해 구술로 설명하며 제작한 동영상은 다양한 피드백을 받을 수 있는 자료가 됩니다. (이러한 자료는 학부모와 교사에게 좋은 참조 정보로 활용될 수 있습니다.)

장점... 학습자는 화면 녹화 영상을 구글 드라이브의 디지털 포트폴리오 폴더에 저장하거나 구글 클래스룸을 통해 공유하거나 유튜브 채널에 업로드할 수 있습니다.

생각의 시각화! – 구글 프레젠테이션에 자신의 학습 활동에 관한 이미지를 삽입하여 슬라이드쇼를 만드는 것을 안내합니다. 학습자는 슬라이드 파일들을 살펴보면서 자신의 학습에 대한 성찰의 기회를 갖습니다. 이러한 이미지들은 학습자의 학습 과정 뿐만 아니라 최종 결과까지의 과정을 보여주는 기록이 됩니다.

정보 제공 방식 – 학생들이 자신의 학습 활동 내용과 학습에 대해 스스로 통찰한 결과를 영상으로 만들어 제공합니다.

패들렛 (PADLET)
구글과의 통합 : 구글 클래스룸 (Google Classroom)

패들렛(PADLET)은 무엇인가? 빈공간의 디지털 게시판을 제공하는 웹사이트이며 크롬 확장 프로그램입니다.

추천 이유... 사용방법이 간단하며 학생들이 심도 있는 학습 성찰을 할 시간이 없는 경우에도 패들렛을 사용하여 짧은 텍스트 또는 이미지를 통해 자신의 학습 성찰을 할 수 있습니다.

설치/설정...(난이도 하) 수업전에 padlet.com에 접속하여 구글계정으로 로그인한 후 패들렛을 실행할 준비를 사전에 해야 합니다. 패들렛 접속 후 오른쪽 상단에서 새로 추가 버튼을 클릭한 다음 다양한 템플릿 (게시판, 캔버스, 스트림, 격자 또는 선반 등) 중 하나를 선택합니다.

학습자를 위한 활동 제안... 교사가 미리 준비한 질문이나 주제에 대해 응답을 하며 자신의

학습의 일부 과정을 빠르게 성찰할 수 있습니다. 또한 한 단원의 학습을 마무리 한 후 스스로 성찰한 것을 게시하는 공간으로 사용할 수 있습니다.

교사를 위한 정보 제공… 학생들의 다양한 학습 결과물 (영상, 이미지 및 텍스트)을 다양한 템플릿 형식 (벽, 캔버스, 스트림, 격자 또는 선반)을 활용하여 전시할 수 있는 디지털 게시판의 역할로 활용할 수 있습니다.

현장학습 후기 – 현장 학습 후 자신의 경험을 반영한 비디오 또는 사진을 공유 패들렛에 게시하게 합니다.

미술/음악 수업 활용 – 학습자가 자신의 패들렛을 만들어 창작물을 게시할 갤러리로 활용하도록 안내합니다. 삽입된 사진 하단에 학습 과정에 대한 성찰을 기록할 수 있습니다.

장점… 다른 학습자들의 답변을 보며 서로에게 배울 수 있고 다른 학교 또는 전세계의 다른 학습자들과의 공유를 통해 학습을 강화할 수 있습니다. 또한 특정 결론을 도출하기까지 토론을 확장시키는 데 좋은 시발점이 될 수 있습니다.

정보 제공 방식… 패들렛은 디지털 게시판과 같이 학생들의 학습 결과물을 시각적이고 매력적인 방식으로 표시합니다.

시소 (SEESAW)
구글과의 통합 : 구글 드라이브 (Google Drive)

시소 (SEESAW)는 무엇인가? 학습 성찰을 위한 강력한 디지털 도구로서 디지털 포트폴리오를 제작할 수 있는 웹사이트와 앱 서비스입니다. 즉 사고를 시각화하는 강력한 디지털 도구라고 할 수 있습니다.

추천 이유... 학습자는 자신의 학습 활동과 성찰의 과정을 음성 녹음을 사용하여 구술로 설명하거나 영상 및 사진과 같은 시각적 매체를 활용하여 기록하는 방법을 알게 됩니다. 자신의 성찰 활동 결과물의 QR코드를 생성하여 인쇄한 후 교실 게시판에 붙여 놓고 학급의 다른 학생들이 코드를 스캔하여 녹화된 영상을 보거나 녹음된 나레이션을 듣게 할 수 있으며, 수업용 블로그에 게시할 수도 있습니다.

설치/설정...(난이도 하) 수업을 개설하고 학생을 추가한 후 수업에 참여할 수 있도록 QR 코드 또는 수업 코드를 제공하면 됩니다.

제출 방법... 학생들은 각자의 응답이나 댓글을 추가한 후 화면 우측 상단의 녹색 확인 아이콘을 클릭합니다. 또한 교사가 미리 만들어 놓은 폴더에 자신의 성찰 활동을 정리해 놓을 수 있습니다.

학습자를 위한 활동 제안...

1. 학습자는 자신의 학습과정에서 창작되는 학습 결과물이 디지털화하기 힘든 "아날로그" 형식인 경우 사진을 찍어 그림, 텍스트, 자신의 설명 녹음 등을 추가하여 학습과정에 대한 성찰을 공유할 수 있습니다.
2. 모바일 앱에서 녹화 영상을 제작할 수 있습니다.
3. 글 메모를 추가할 수 있습니다.
4. 모바일 기기에 이미 저장된 사진에 음성 및 텍스트를 추가하거나 그림을 그릴 수 있으며 다른 앱에서 제작한 동영상이나 자신의 컴퓨터나 구글 드라이브 저장된 동영상을 삽입할 수 있습니다.

5. 구글 드라이브에서 다양한 파일 (예 : 문서, 프레젠테이션 슬라이드, 그림, 스프레드시트) 등을 추가하여 삽입할 수 있으며 이 때 파일들은 시소에서 PDF 형식으로 변환됩니다. 여기에 오디오 주석을 추가하거나 텍스트 자막을 작성할 수 있습니다.

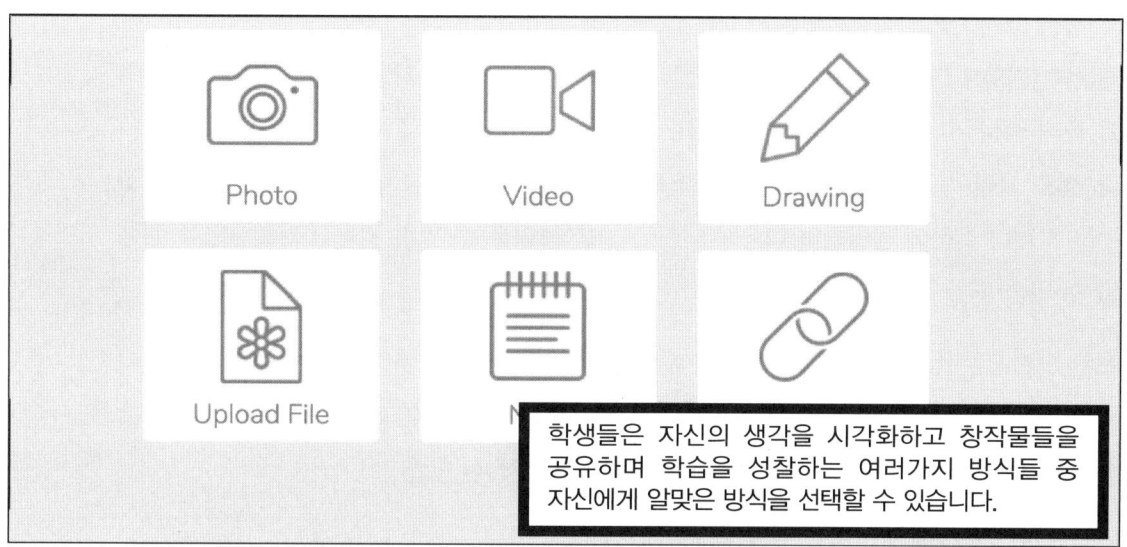

학생들은 자신의 생각을 시각화하고 창작물들을 공유하며 학습을 성찰하는 여러가지 방식들 중 자신에게 알맞은 방식을 선택할 수 있습니다.

정보 제공 방식... 학생들이 게시한 학습 성찰 활동은 마치 개인 블로그처럼 게시한 시간 순으로 정렬되어 보여집니다.

수학 수업 활용 사례 – 각도에 관련된 단원 수업의 마무리 단계에서, 주어진 그림의 각도 사진을 찍거나 그리기 도구를 활용하여 각도의 유형을 식별하게 합니다. 각도에 대해 학습하는 과정에서의 성찰 내용을 녹화 기능을 활용하여 기록하도록 합니다.

어문학 수업 활용 – 학습자는 특정 도서에서 자신이 가장 좋아하는 인용구나 인용문의 사진을 스마트폰으로 찍습니다. 그리고 해당 인용문이 책의 의미를 이해하는 데 어떻게 도움이 되었는지에 대한 설명 영상을 녹화 기능을 활용하여 만들도록 안내합니다. 이러한 사고 전략을 활용하여 필요에 따라 다양한 문학에 대한 감상문 쓰기 등의 활동으로 확장하는데 활용할 수 있습니다.

페어덱 (PEAR DECK)
구글과의 통합 : 구글 클래스룸 (Google Classroom)

페어덱 (PEAR DECK)은 무엇인가? 구글 프레젠테이션의 추가 기능으로 교사들은 이 도구를 통해 학생들이 학습 내용과 개념을 어느 정도 이해하고 있는지 수시로 확인할 수 있습니다. 발표 슬라이드를 통해 단순하고 정적으로 정보를 전달하는 방식을 넘어 모든 학생이 질문을 하거나 질문에 응답하며 학습에 대한 이해를 보여줄 수 있어 역동적으로 수업을 진행할 수 있습니다.

추천 이유... 단순히 구글 프레젠테이션에 페어덱을 추가하기만 하면 교사가 수업을 진행하는 동안에도 학생은 수업 참여가 가능합니다. 학생들은 학생 속도 (Student paced) 기능을 통해 독립적으로 자신의 학습 속도에 맞춰 수업에 참여할 수 있습니다.

설치/설정...(난이도 하) 먼저 구글 프레젠테이션에서 미리 제작한 발표 슬라이드를 열고 상단에 있는 메뉴에서 부가기능 (adds-on)을 선택하여 페어덱 부가 기능을 추가하면 됩니다. 발표할 슬라이드에서 추가된 페어덱을 선택하면 화면 우측에 다양한 선택 사항들과 질문 유

페어덱을 설치하면 화면 오른쪽에 다음과 같은 메뉴창이 생기며 질문유형에 따라 다양한 템플렛을 선택할 수 있습니다.

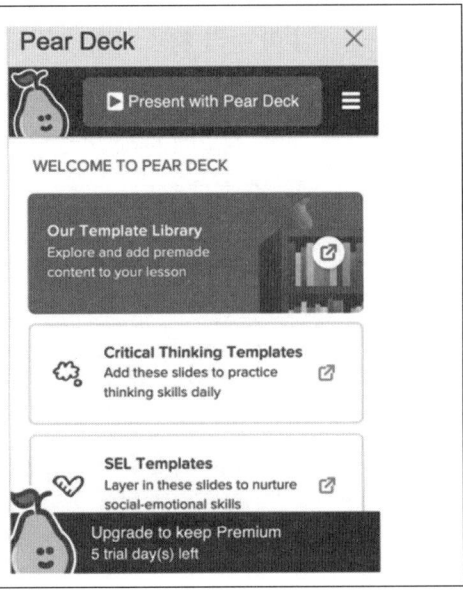

형에 맞는 템플릿을 선택하여 대화형 발표 슬라이드를 만들 수 있습니다.

교사를 위한 활용 제안... 수업을 위해 준비한 발표 슬라이드마다 단답형, 선택형, 객관식, 숫자 답변, 웹 콘텐츠 추가하기, 학생들이 선택한 위치로 답변이나 아이콘을 끌어오기 등 다양한 대화형 요소를 추가하여 수업을 역동적으로 만들 수 있습니다.

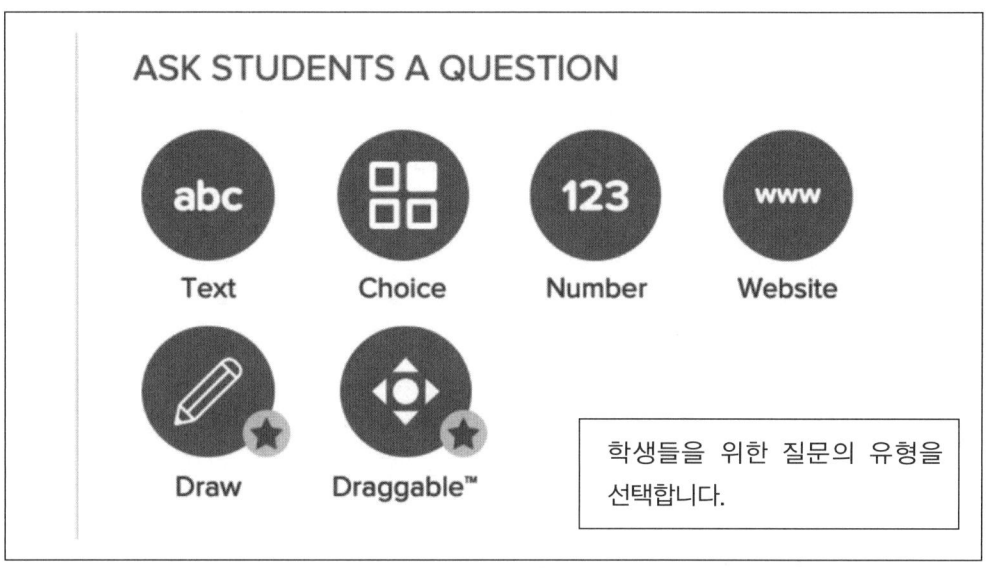

교사를 위한 정보 제공... 교사 대시보드에서는 학생들이 입력한 모든 답변과 활동을 볼 수 있습니다. 이 정보를 비공개로 하거나, 또는 화면에 답을 제시하여 학급 전체와 공유할 수 있습니다. 교사는 수업 후 각 학생의 답변을 자세히 확인해 볼 수 있습니다.

장점... 학생들은 교사가 공유한 수업 코드 또는 QR 코드를 통해 페어덱에 매우 쉽게 접근할 수 있습니다. 자신의 디지털 기기에서 joinpd.com 을 접속한 후 교사가 공유한 코드를 입력하면 바로 입장이 가능하고 다양한 유형의 질문에 답변을 입력하는 등 실시간 대화형 수업에 참여할 수 있습니다.

정보 제공 방식... 교사의 대시보드에는 발표자료나 답변자 수 등의 정보를 볼 수 있습니다. 또한 언제든지 발표 슬라이드로 돌아가서 학생들의 반응을 좀 더 면밀히 관찰하고 그 정보를 사용하여 이후의 활동에 대한 학습 안내를 할 수 있습니다. 수업을 진행하는 중 어느 시점에서나 학생들의 반응을 공유하여 다른 학생들의 의견을 듣거나 전체의 응답과 비교할 수 있습니다. 이를 통해 학생들은 자신의 대답을 스스로 성찰할 수 있는 공간과 기회를 갖게 됩니다. 이러한 과정은 메타인지를 활성화시키는 데에 매우 중요한 교수 전략입니다.

TIP (조언) : infused.link/peardecktips의 안내영상을 참조하세요.

그리기 (Draw)기능 활용 – 그리기 기능을 선택하여 학습자가 수학 문제를 푸는 과정을 보여주고 과학 시간의 세포의 내부를 그리면서 설명할 수 있습니다.

수업의 마무리 – '수업 종료' 템플릿을 사용하여 수업 마무리 단계에서 수업 중 소개된 개념을 정리하도록 하거나 이를 활용한 방탈출 질문 카드를 만들어 봅니다.

자기 평가 활동 – 수업 중 난이도가 높거나 어려운 개념을 소개할 때 아래 그림과 같이 엄지 손가락 위아래 기능을 사용하여 학생들이 해당 개념 또는 수업 내용을 얼마나 잘 이해했는지 쉽게 파악할 수 있습니다.

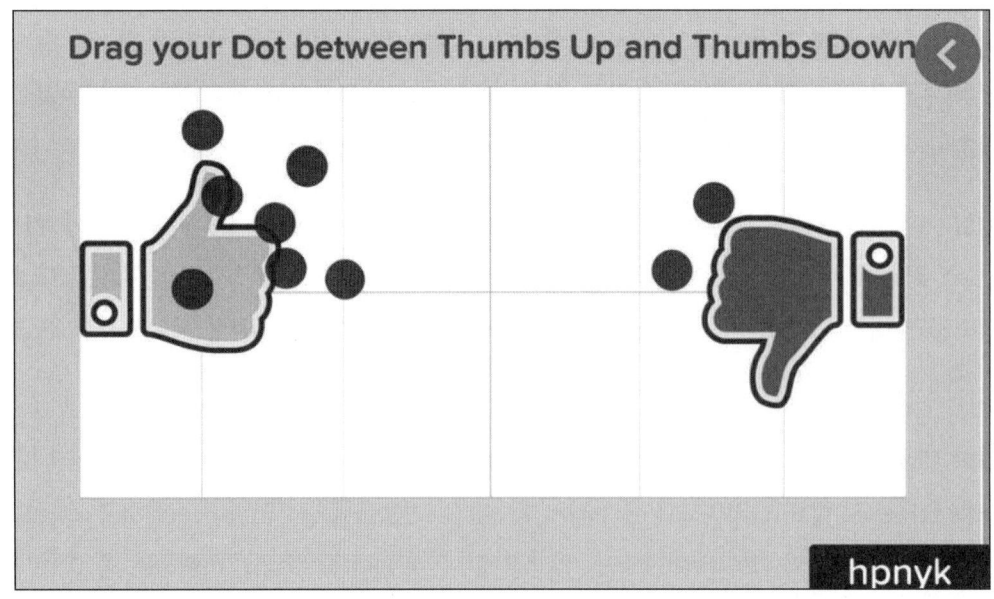

다양한 읽기 콘텐츠를 제공하는 Newsela와 페어덱은 함께 팀을 이루어 적극적인 학생 참여를 유도하기 위해 데일리 덱을 만들었습니다. 매일 제공되는 기사에 대화식 질문 상자가 포함되어 좀더 적극적 읽기 활동을 경험할 수 있게 되었습니다.

질문 유형별로 다양한 슬라이드 템플릿이 제공되며 페어덱에 익숙해지면 교사는 수업의 흐름과 활동 유형에 따라 맞춤 콘텐츠를 만들 수 있습니다.

무료 기본 버전 외에 90일간 무료로 업그레이드 버전을 사용할 수 있으며 1년간 무료 사용을 위한 행사에 참여할 수 있습니다. peardeck.com/holly-clark 링크를 통해 자세한 내용을 확인할 수 있습니다.

디지털 포트폴리오
학습 목록화

이 활동이 필요한 이유 – 경험 학습의 아버지인 존듀이 (John Dewey)는 "우리는 경험으로부터 배우는 것이 아니라 경험에 대한 성찰로부터 배우는 것이다."라고 말했습니다. 학습자는 자신의 학습 활동을 관리하고 목록화하여 정리한 후 잘 보관해야 합니다. 디지털 포트폴리오는 "평가를 위한" 그리고 "평가로서의" 평가에 중요한 단서가 되는 학습자의 학습 성찰의 장이 되는 것입니다. (자세한 설명은 30쪽을 참조)

학습자의 사고를 시각화하는 방법 – 디지털 포트폴리오는 학생들의 사고와 이해의 진화를 보여주며, 실습지나 객관식 문제를 통한 평가 결과에서 얻지 못하는 학생들의 성장에 대한 풍부한 정보를 제공합니다.

학습자의 목소리를 증폭시키는 방법 – 이렇게 목록화된 학습자의 학습 성찰은 교사에게는 학습자별 개별 학습에 대한 이해를 돕고 학생들에게는 자신의 학습 성향과 의견이 무엇인지를 인식하고 학습자로서의 정체성을 확립해 나가도록 하는 플랫폼을 구축할 수 있게 합니다.

학습자가 자신의 학습 결과물을 공유하는 방법 – 학습자는 디지털 포트폴리오를 온라인에 게시하며 그들의 실질적 독자들은 부모, 교사 및 학급 친구들이 됩니다.

> "조금 극단적인 것처럼 들리겠지만 요즘에는 온라인에서 검색되지 않는 것은 마치 존재하지 않는 것과 같다."
> – 오스틴 클레온 (Austin Kleon)

시소 (SEESAW)

시소 (SEESAW)는 무엇인가? 포괄적이고 사용하기 쉬운 디지털 포트폴리오 제작 앱 및 웹 서비스입니다. 창작과 성찰 활동을 위한 앱으로서는 마치 '스위스 군용 칼'처럼 만능 기능을 가지고 있습니다.

추천 이유... 학습자에게 학습 성장을 기록하고 목록화할 수 있는 플랫폼을 제공하면서 부모에게는 자녀의 교육적 성장과 발전에 대한 통찰을 제공합니다.

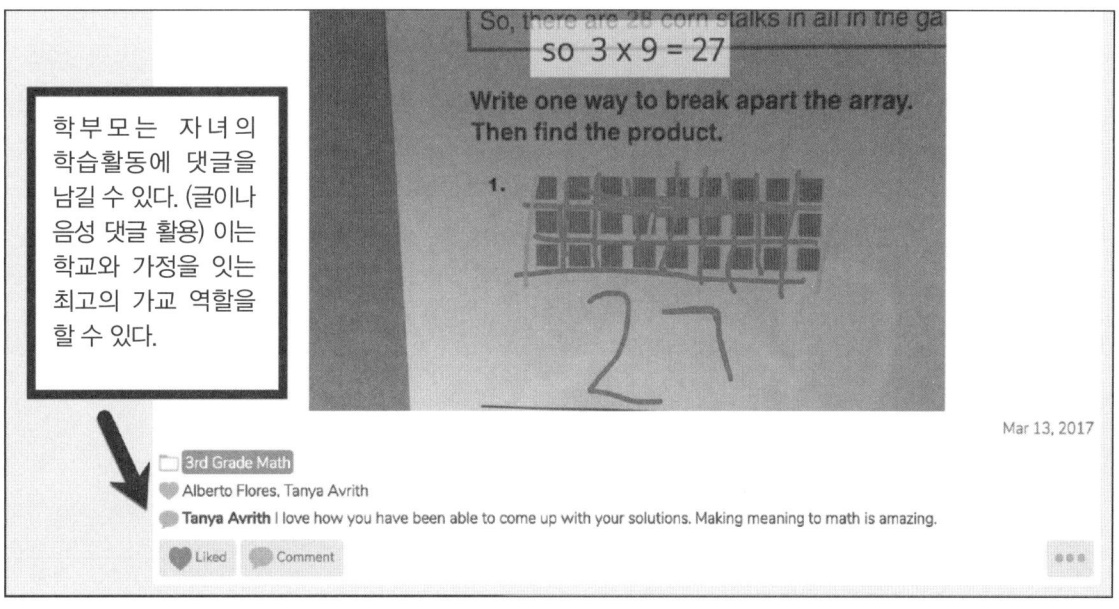

학부모는 자녀의 학습활동에 댓글을 남길 수 있다. (글이나 음성 댓글 활용) 이는 학교와 가정을 잇는 최고의 가교 역할을 할 수 있다.

설치/설정...(난이도 하) 수업을 개설하고 학생을 추가한 후 수업에 참여할 수 있도록 QR 코드 또는 수업 코드를 제공하면 됩니다.

TIP (조언) : 학생들이 자신의 학습 활동 결과물을 담을 수 있는 디지털 포트폴리오 폴더를 미리 추가합니다.

제출 방법... 학습 활동 결과물을 제출하고자 할 때 오른쪽 상단에 있는 녹색 확인 아이콘을 클릭하면 제출이 완료되어 교사가 확인할 수 있게 됩니다.

구글 사이트 (GOOGLE SITES)

구글 사이트 (GOOGLE SITES)는 무엇인가? 지스위트 (G Suite)앱 중에서 웹페이지를 제작할 수 있는 플랫폼입니다.

추천 이유... 구글 계정으로 로그인한 후 사용할 수 있으며 영상, 이미지 및 링크를 쉽게 삽입할 수 있습니다. 메뉴가 직관적이고 쉽게 수정할 수 있어서 학습자의 학습 과정을 보여주는 전문적인 포트폴리오를 만들기에 매우 유용한 플랫폼입니다.

설치/설정...(난이도 중) 일단 구글 계정으로 로그인이 필요하나 사이트를 만드는 방법 자체는 매우 간단합니다. 추가하고 싶은 정보를 끌어다 놓는 (drag & drop) 기능을 사용하면 쉽고 빠르게 멋진 웹 사이트를 만들 수 있습니다.

제출 방법... 구글 드라이브에 있는 다양한 학습 결과물을 구글 사이트에 삽입한 후 '게시' 버튼을 클릭하면 사이트 제작은 완료됩니다. 이 때 자신의 사이트를 모든 사람들이 볼 수 있도록 공개할 수 있으며 이를 통해 실질적인 독자들에게 자신의 창작물과 학습 결과물을 공유할 수 있습니다.

교사를 위한 정보 제공... 사이트를 게시할 때 일반에게 공개하거나 특정 사용자에게만 사이트 콘텐츠를 볼 수 있도록 게시 옵션을 선택할 수 있습니다. 사이트에는 학생들의 학습에 대한 정보를 담고 있으며 탐색하기 쉬운 웹사이트 형태로 학생들의 학습 활동에 관련된 정보를 담을 수 있습니다.

구글 사이트는 모든 지스위트 (G Suite) 앱, 스크린캐스티파이 (Screencastify), 위비디오 (WeVideo), 사운드트랩 (Soundtrap), 캔바 (Canva) 및 HTML 코딩을 사용하는 다른 도구들과도 연동됩니다.

디지털 포트폴리오 제작을 위한 가이드

"당신이 하는 일에 대한 다큐멘터리 제작자가 되어 보세요."
—오스틴 클레온 (Austin Kleon)의
"당신의 작품을 보여주세요 (Show Your Work)" 중에서

디지털 포트폴리오를 통해 학생들의 생각을 시각화하기

디지털 포트폴리오는 학습자의 교육에 관련된 모든 이해 관계자 (학습자 자신, 학부모 및 교사 등)에게 개별 학습자의 학습 및 성장에 대한 풍부한 정보를 제공합니다. 이러한 디지털 도구들은 학습자들이 자기의 생각을 시각화하고, 의견을 내며, 자신의 창작물과 학습 결과물을 게시하고 진정한 청중 (독자)들과 공유할 수 있는 공간을 제공하기 때문입니다. 포트폴리오 만들기 활동은 학습자가 자신의 학습 결과물을 목록화하고 동시에 스스로 학습 과정을 비판적으로 생각하며 성찰하는 활동에 도움이 됩니다.

올바른 디지털 포트폴리오 제작 활동은 기존의 전통적인 평가방식을 대체할 수 있습니다. 포트폴리오를 통해 이해 관계자들은 학습자의 이해와 사고에 대한 보다 의미 있는 통찰을 얻을 수 있습니다. 궁극적으로 디지털 포트폴리오는 표준화된 객관식 시험이 할 수 없는 방식으로 학습자의 학문적 성장을 향한 독특한 행보에 대한 통찰을 교사에게 제공합니다. 간단히 정리하자면, 교사는 학습자의 디지털 포트폴리오를 통해 학습자가 자신의 학습 목표를 잘 이해하고 있는지, 또한 자신의 학습 성향을 인식하고 이를 학습 활동에 반영하고 있는지를 이해할 수 있습니다.

시작하기

학부모의 참여를 독려하기

- 학부모가 이 과정에 참여하는 것이 학습자의 학습 촉진과 성공적인 포트폴리오 제작에 도움이 될 수 있습니다.
- 사전에 학부모를 대상으로 학습자의 디지털 문해력 역량과 디지털 흔적 및 개인 웹 사이트 제작에 대한 중요성을 교육하도록 합니다. 사전 교육이 불가능한 경우 교사는 학생들의 학습관련 활동 결과물이나 작품 등이 온라인에 게시될 수 있음을 학부모에게 공지하고 사전 동의를 얻어야 합니다. 그리고 학부모의 동의 없이는 학습자에게 필요한 학습적 지원을 제공하는 것이 제한적일 수 있음을 미리 알립니다.
- 온라인 상에서 학습자의 학습 활동을 공유하는 문제와 관련하여 가정과 학교 간의 소통 채널을 열어 놓습니다. 이러한 활동이 어떻게 학생들의 디지털 시민성과 온라인 개인 정보 보호에 대한 이해를 증진시키는데 도움이 되는지 설명해야 합니다.
- 학습자가 개인 웹 사이트를 활용하여 디지털 포트폴리오를 만드는 활동이 학습자의 학습 성장과 성찰에 중요하다는 점을 부모에게 사전 공지합니다. 교사는 따로 수업시간을 할애하여 디지털 시민성을 가르칠 여유가 없을 수 있습니다. 그렇기에 학생들이 다양한 디지털 도구들의 효과적인 사용방법을 완전히 이해하려면 온라인에서 콘텐츠를 제작하고 공유하는 연습과 훈련이 필요합니다.

세 가지 유형의 디지털 포트폴리오

과정형   발표형   혼합 활동형

학습자는 자기의 생각과 사고를 시각화하고 학습의 과정을 성찰하며 이러한 일련의 학습 활동을 기록으로 남기기 위해 포트폴리오를 활용합니다. 과정형 포트폴리오는 학습 개선에 도움이 되도록 다양한 피드백을 수집하고 학습 성찰에 중점을 둡니다

- **학습자가 직접 제작하기** 학습자의 학습 시연 (예 : 디지털 서적, 영상 제작, 팟캐스팅 및 공동 작문 등)에 활용되며 이후에 학습을 위한, 학습으로서의, 학습에 대한 평가 자료로 사용될 수 있습니다. 결국 학습자는 과정형 포트폴리오를 제작하는 과정에서 강력한 학습 경험을 하게 됩니다.

- **학습자의 학습 성찰을 위한 안내하기** 학습자가 과정형 포트폴리오 제작 활동을 할 때 시간을 따로 할애하여 학습 성찰을 할 수 있도록 안내하고 독려합니다. 자신의 학습 과정을 설명하는 데 사용될 학습 결과물을 목록화하는 과정에서 안내 질문을 하거나 짜임새 있게 목록화하는 방법을 안내함으로써 학습자들이 자기의 사고를 시각화하는 활동을 지원할 수 있습니다.

- **학습자를 위한 피드백 제공하기** 포트폴리오 제작 과정에서 학습자는 자신의 창작물 또는 학습 활동 결과물을 다른 학습자 또는 더 많은 사람들과 공유하게 됩니다. 또한 게시하기 전에 콘텐츠를 개선하기 위한 아이디어 및 고려해야 할 사항들과 같은 다양한 정보를 수집할 수 있습니다.

- **학습자가 직접 공개여부 선택하기** 마지막 단계로 학습자는 자신의 포트폴리오를 게시할 플랫폼을 선택할 수 있습니다. 다음 섹션에서 게시에 대해 좀 더 자세히 소개하려고 합니다. 학습자가 자신의 포트폴리오를 시소 (Seesaw)와 같은 플랫폼이나 블로그 또는 개인 웹사이트에 게시할 지를 선택할 수 있습니다.

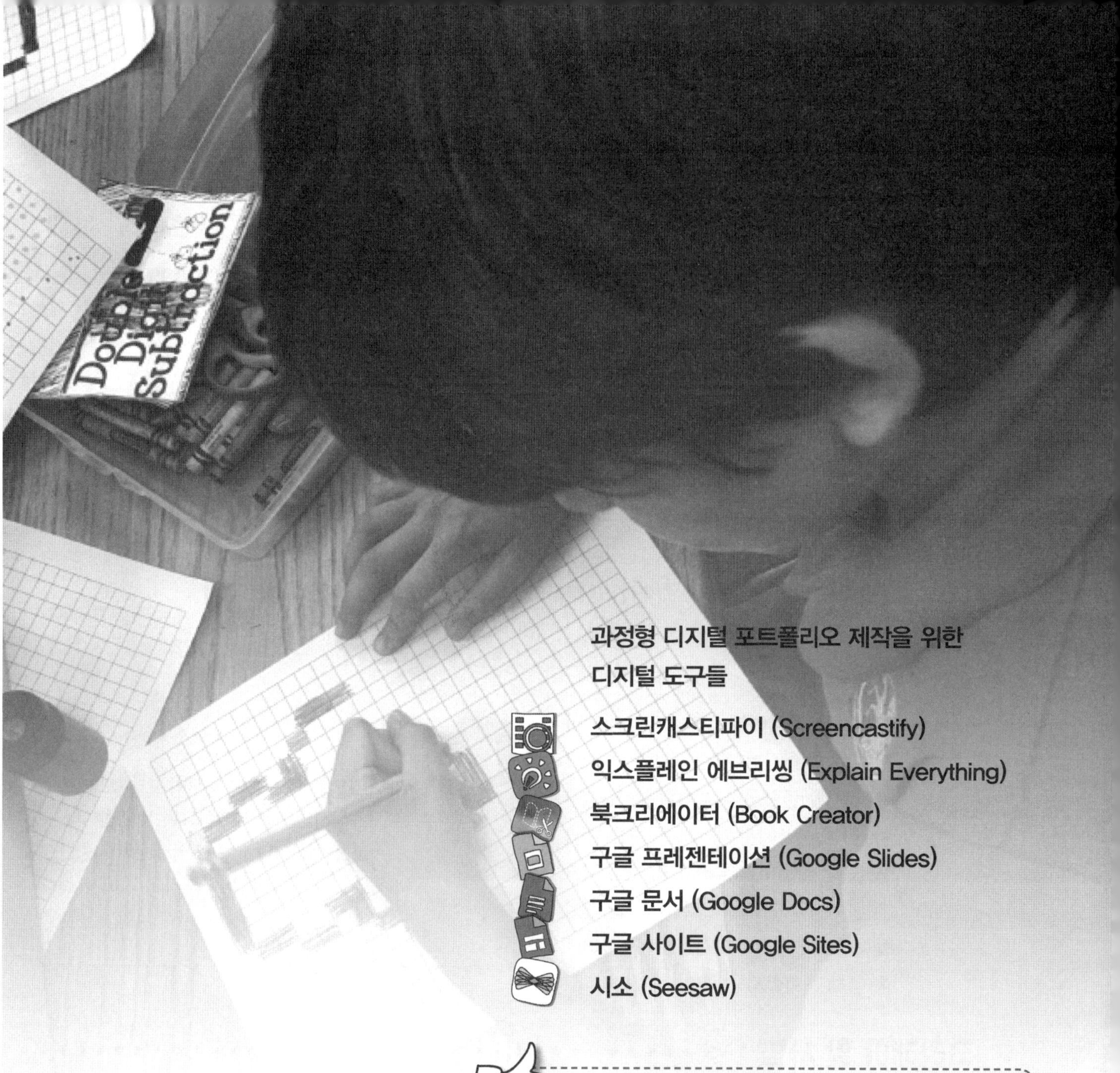

과정형 디지털 포트폴리오 제작을 위한 디지털 도구들

스크린캐스티파이 (Screencastify)
익스플레인 에브리씽 (Explain Everything)
북크리에이터 (Book Creator)
구글 프레젠테이션 (Google Slides)
구글 문서 (Google Docs)
구글 사이트 (Google Sites)
시소 (Seesaw)

TIP (조언) : 교사가 수업을 설계할 때, 학생들이 자신의 학습과정에서 수집된 피드백이나 댓글을 목록화하고 자신의 학습 결과물 등을 화면 캡쳐할 수 있는 일정 시간을 할애할 지에 대해 깊이 고려합니다. 이러한 자료들이 후에 학생들의 성장을 설명하고 이해하는데 유용하게 활용될 수 있습니다.

세 가지 유형의 디지털 포트폴리오

과정형　　**발표형**　　혼합 활동형

학습자는 자신의 포트폴리오를 소개하는 발표의 기회를 통해 자신의 최고의 작품을 소개하고 돋보이게 할 수 있으며 자신에게 가장 의미 있고 중요하다고 생각하는 창작물 또는 학습 결과물을 게시하고 공개하게 됩니다. 특정한 학습목표를 성취한 가장 좋은 사례나 해당 학습 결과물을 자신의 포트폴리오를 통해 발표하는 기회가 되기 때문에 포트폴리오 제작 및 발표 활동 자체가 학습 평가에 의미 있는 자료로 활용될 수 있습니다.

- **학습자가 직접 발표하기**　각 단원의 마무리 단계에서 학습자는 자신의 학습 성장을 가장 잘 보여주는 학습 결과물을 선택하여 포트폴리오를 제작하고 발표하게 됩니다.

- **학습자가 게시여부 선택하기**　마지막 단계로 학습자는 자신의 포트폴리오를 게시할 플랫폼을 선택할 수 있습니다. 다음 섹션에서 게시에 관련된 내용을 좀 더 자세히 다루려고 합니다. 학습자는 자신의 포트폴리오를 시소와 같은 플랫폼이나 블로그 또는 개인 웹사이트를 통해 게시할지 선택할 수 있습니다.

TIP (조언) : 학습자가 자신의 포트폴리오를 단순한 디자인으로 제작하도록 안내합니다. 너무 많은 색상이나 어수선한 글꼴의 사용은 내용을 전달하는 데 있어 도리어 방해가 될 수 있습니다.

고려해야 할 사항 :

아날로그와 디지털의 혼합

지금까지 우리는 디지털화 된 학습 결과물에 중점을 두어 왔지만 때로는 모든 것을 디지털 형식으로 만들 수 없기도 합니다. 학습자가 발표에 활용한 학습 결과물을 디지털화하기 어렵다면 스마트폰의 카메라로 사진을 찍어 자신의 아날로그 형식의 작품을 디지털 버전으로 쉽게 제작하고 그것을 구글 문서나 구글 사이트에 삽입한 후 자신의 학습 성찰을 기록할 수 있습니다.

발표형 디지털 포트폴리오 제작을 위한 디지털 도구들

- 구글 사이트 (Google Sites)
- 시소 (Seesaw)
- 유튜브 (YouTube)
- 구글 프레젠테이션 (Google Slides)

TIP (조언) : 학생들은 자신의 발표 활동을 트위터 (Twitter)나 인스타그램 (Instagram)과 같은 소셜 미디어 플랫폼에 공유하여 대중과 소통하고 이를 통해 자기의 생각을 확장하고 앞으로의 학습에 영감과 동기가 되는 전문가와 연결될 수 있습니다.

세 가지 유형의 디지털 포트폴리오

과정형　　　발표형　　**혼합 활동형**

혼합 활동형은 포트폴리오를 제작하고 발표하는 활동들을 조합하는 것으로서 학습을 위한, 학습으로서의, 학습에 대한 평가 (30쪽 참조) 정보로 사용될 수 있습니다. 이 활동을 통해 학습자는 학습을 성찰하고, 학습 과정에서 가장 중요하다고 생각하는 것이나 자신의 성장을 가장 잘 보여줄 것이라 생각되는 학습 결과물 또는 작품을 더 많은 사람들과 공유할 수 있습니다.

참고 : 이 활동은 과정형 포트폴리오 제작활동과 유사하지만 발표의 요소가 추가됩니다.

- **학습자가 직접 제작하기** 학습자의 학습 시연 (예 : 디지털 서적, 영상 제작, 팟캐스팅 및 공동 작문 등)에 활용되며 이후에 학습을 위한, 학습으로서의, 학습에 대한 평가 자료로 사용될 수 있습니다.

- **학습자의 학습 성찰을 위한 안내하기** 학습자가 과정형 포트폴리오 제작 활동을 할 때 시간을 따로 할애하여 학습 성찰을 할 수 있도록 안내하고 독려합니다. 자신의 학습 과정을 설명하는 데 사용될 학습 결과물을 목록화하는 과정에서 안내 질문을 하거나 짜임새 있게 목록화하는 방법을 안내함으로써 학습자들이 자기의 사고를 시각화하는 활동을 지원할 수 있습니다

- **학습자를 위한 피드백 제공하기** 학습자가 자신의 포트폴리오에 대한 더 많은 피드백을 받기를 원한다면 과정은 간단합니다. 스마트 폰의 카메라 또는 스크린캐스티파이 (Screencastify)와 같은 도구를 사용하여 자신의 학습 결과물을 디지털 방식으로 캡처하도록 합니다. 학습자는 자신의 학습 과정에 대해 설명하는 화면 녹화영상을 웹사이트나 시소 (Seasaw)에 올려 피드백을 받을 수 있습니다.

- **발표형 포트폴리오에 소개된 학습결과물을 게시하기** 학습자는 자신의 학습 과정을 대표하는 결과물 중 자신이 가장 선호하는 것을 선택하여 전세계와 공유할 수 있습니다. 포트폴리오에 많은 활동 내용이 있겠지만 학생은 자신이 발표하고 전세계와 공유할 것을 선택하게 됩니다.

혼합 활동형 디지털 포트폴리오 제작을 위한
디지털 도구들

 스크린캐스티파이 (Screencastify)
익스플레인 에브리씽 (Explain Everything)
북 크리에이터 (Book Creator)
구글 프레젠테이션 (Google Slides)
구글 문서 (Google Docs)
구글 사이트 (Google Sites)
시소 (Seesaw)

TIP (조언) : 매년 포트폴리오를 제작하고 발표하는 활동을 통해 학생들은 이전 학년 또는 지난 학기에 했던 창작물이나 프로젝트를 더 발전시키고 확장시키는 역량이 강화되고 자신의 지속적인 발전을 목격하고 경험하게 될 것입니다.

보너스 : 학습자가 진정한 청중 (독자)과 소통할 수 있는 10가지 방법

14세 이상의 학습자 대상

트위터 (Twitter)

- 학습에 관련된 내용을 포스팅하고 다른 학습자 및 전문가와 연결할 수업용 트위터 계정을 만듭니다.
- 유사한 관심사를 공유하는 온라인 커뮤니티와 연결되기 위해 해시 태그[1]를 사용합니다.
- 블로그 게시물과 제작한 유튜브 동영상을 공유하고 북스냅스 (BookSnaps)를 트윗[2]합니다.

블로그 (Blogs)

- 학생들의 열정적인 학습 활동을 블로그에 작성한 다음 트위터 (Twitter) 해시 태그를 사용하여 게시물을 홍보합니다.
- 캔바 (Canva)를 사용하여 자신의 블로그 홍보 포스터를 디자인하여 트위터 (Twitter), 인스타그램 (Instagram) 및 핀터레스트 (Pinterest)에서 게시합니다.
- 결과물들을 목록화합니다. (bit.ly/ExampleVideos 참조).

---

[1] 해시태그 (Hashtag) : 트위터 등 소셜 네트워크 서비스(SNS)에서 사용되는 메타데이터 태그로, 해시 기호(#) 뒤에 특정 단어를 쓰면 그 단어에 대한 글을 모아 분류해서 볼 수 있다. (출처 위키백과)

[2] 트윗 (Twit) : "트윗 (Tweet)"이란 말은 원래 작은 새가 지저귀는 소리를 나타내는 영어 낱말이나 소셜 네트워크 서비스인 트위터에 글을 게시하는 것을 의미한다.

14세 이상의 학습자 대상

3 핀터레스트 (Pinterest)

- 캔바 (Canva)에서 자신의 학습을 설명하는 그래픽 자료를 만든 다음 핀터레스트 (검색 엔진)를 통해 해당 이미지를 홍보함으로써 자신의 학습 주제에 관련된 인포그래픽에 관심있는 사람들의 주목을 끌게 됩니다.

- 교사는 수업용 디지털 게시판을 만들어 학생들의 창작물을 담은 블로그 링크 등을 게시하여 학부모들이 쉽게 검색하고 팔로우 할 수 있게 합니다.

4 유튜브 (YouTube)

- 동영상 블로그, 라이브 콘텐츠, 자습 영상 및 기타 유형의 동영상을 만든 다음 유튜브채널을 통해 게시하면 구독자들을 확보할 수 있습니다.

- 자신의 유튜브 채널에 재생목록을 만들어 채널 구독자를 더 확보할 수 있습니다.

5 페이스북 (Facebook)

- 학교 또는 학습 전용 페이스북 계정을 통해 학생들은 가족 및 친구들과 자신의 작품을 공유할 수 있습니다.

- 캔바 (Canva)를 통해 제작한 다양한 그래픽 작품을 공유합니다.

6
스냅챗
(Snapchat)

- 자신의 활동이나 프로젝트를 설명하는 재미 있는 비디오를 만들고 공유합니다.
- 자신의 활동이나 프로젝트에서 흥미 있는 부분을 "곧 개봉박두"라는 메시지와 함께 재미 있게 공개할 수 있습니다.
- 자신의 학습과 활동을 영상과 사진을 통해 보여줄 수 있습니다.

7
인스타그램
(Instagram)

- 동영상 및 해시태그를 통해 자신의 작품을 더 많은 사람들과 공유할 수 있습니다.
- 수업 해시 태그 (예 : #[학교명] **우리교실에 스며드는 구글**)를 사용하여 학습 활동 중에 흥미로운 일들을 공유합니다.
- 수업 시간에 라이브 이벤트를 스트리밍하여 학부모, 친구 및 팔로워와 함께 공유할 수 있습니다.

8
캔바
(Canva)

- 학습 결과물이나 블로그를 시각적으로 더 매력적이게 만드는 그래픽 자료를 제작할 수 있습니다.
- 학생들은 QR 코드로 포스터를 작성하고 인쇄하여 교실 또는 교내 곳곳에 게시하여 자신의 디지털화 된 작품 또는 학습 활동을 홍보할 수 있습니다.

> "나에게 말해주기만 한다면 쉽게 잊어버릴 것이다. 실제 보여준다면 난 아마도 기억은 할 것이다. 그러나 내가 참여하게 한다면 난 이해하게 될 것이다"
>
> — BC 450년경 공자

9 해시태그 (Hashtags)

- 학습자가 관심을 갖는 주제와 관련된 온라인 커뮤니티와 연결될 수 있습니다.
- 학습자가 관심을 갖는 주제를 게시하여 채팅을 주최하거나 이미 개설된 채팅에 참여하고 소통할 수 있습니다.

10 소셜미디어 스케줄러 (Social Media Schedulers)

- 트위터덱(TweetDeck)과 같은 소셜 미디어 일정관리 앱을 사용하여 트위터의 트래픽이 많은 시간대에 트윗이 나오도록 하는 방법에 대해 알아봅니다.

디지털 도구별 활용에 대한 안내

교육학 섹션에서 논의된 개념들을 도구중심적 접근 관점에서 살펴보고자 합니다. 교육학 관련 섹션이 **"왜"**와 **"어떻게"**에 중점을 두고 있다면 이번 섹션에서는 **"무엇"**에 중점을 두었다고 보면 되겠습니다. 이제 교사들에게 각 디지털 도구들의 기능이 **무엇**이며, 도구를 선택할 때 **무엇**을 고려해야 하는 지 등 도구들에 대한 다양한 정보를 소개하고자 합니다.

디지털 도구별 활용 안내

왜 구글인가?

지난 15년 동안 구글은 거의 상상할 수 없었던 방식으로 교육의 면모를 바꾸어 왔고 교육자에게 꼭 필요한 필수 디지털 기술 중 하나가 되었습니다. 그렇다면 왜 구글에서 제공하는 디지털 도구들과 플랫폼이 교실에서 그렇게 사랑받게 되었을까요? 몇 가지 매우 간단한 이유가 있습니다. 도구들의 쉬운 접근성, 공유·공동작업 및 학교와 대학 등의 교육기관에 무료로 제공되는 점입니다!

우리 교실에 스며드는 구글이란 무엇인가?

우리 교실에 스며드는 구글의 의미는 간단합니다. 구글 드라이브, 크롬앱, 크롬 확장 프로그램 및 구글 클래스룸과 같이 구글의 생태계에서 잘 호환되고 쉽게 사용할 수 있는 훌륭한 도구들과 앱 또는 웹 기반 도구들을 통합하여 학습과 교육활동을 확장시키는 재미 있고, 의미 있는 수업을 위해 구글의 도구들을 활용하는 것을 의미합니다. 예를 들어 플립그리드 (Flipgrid)에서의 활동을 구글 클래스룸에 공유하는 것 또는 크롬 확장 프로그램인 톡앤코멘트를 구글 문서 안에서 사용하는 것을 예로 들 수 있습니다. 이미 구글과 잘 융합된 교수 활동을 실현하고 있는 교사들은 이 책을 읽어가면서 자신의 수업 사례를 떠올리게 될 것입니다. 이러한 사례들을 해시 태그 **#우리교실에스며드는구글** (#infusedclassroom)을 사용하여 공유하기를 바랍니다. 다양한 사례의 공유는 이 책의 핵심이며 여러분이 동참할 수 있도록 초대하고 싶습니다.

구글 크롬 확장 프로그램 (Google Chrome Extenstions)이란?

크롬 주소 검색창 우측에 작은 아이콘으로 표시되며 표시여부와 기능 활성화 등에 대한 맞춤설정이 가능합니다. 크롬 웹 스토어 (chrome.google.com/webstore)에서 다양한 확장 프로그램들을 검색하고 추가 또는 삭제할 수 있습니다.

구글의 생태계 둘러보기

구글의 생태계는 구글에서 만든 모든 디지털 도구로 구성되어 있어 구글 안에 속해 있다고 할 수 있습니다. 이러한 도구들을 지스위트 (G Suite) 앱이라고 하며 학교에서는 완전히 무료로 사용할 수 있고 협업에 최적화되어 있으며 어떤 모바일 기기에서도 실시간으로 문서를 공유하고 공동으로 작업을 할 수 있습니다.

구글 앱들을 사용하는 데 꼭 인터넷 연결이 필요한 것은 아닙니다. 학생들은 오프라인 상태에서 작업할 수 있으며, 온라인 상태가 되면 작업 동기화가 되어 자동으로 오프라인에서 작업하던 변경사항들이 저장됩니다. 지스위트 앱은 간결하고 단순하게 설계되어 있어 학생들로 하여금 콘텐츠에 집중할 수 있게 합니다. 이 책에서는 다음의 구글 생태계의 도구들을 중점적으로 소개하려 합니다.

크롬 (Chrome)
다양한 앱과 확장 프로그램
예: 익스플레인 에브리씽 (Explain Everything)
　　톡앤코멘트 (Talk and Comment)

구글 클래스룸 (Google Classroom)
복사기나 프린터없이 과제를 쉽게 생성, 배포 및 채점할 수 있도록 함으로써 가상의 교실과 같은 역할을 하며 물리적 교실의 활동을 원활하게 지원합니다. 또한 학생들의 학습 활동을 위한 자료 배포 및 과제 수집과 평가를 효율적으로 할 수 있습니다.

구글 드라이브 (Google Drive)
클라우드에 모든 파일을 저장하고 여러 장치에서 파일을 동기화하며 드라이브안의 다양한 파일과 폴더를 다른 사용자와 링크나 이메일로 공유할 수 있는 플랫폼입니다. 컴퓨터에서 직접 파일을 업로드하거나 드라이브 내에서 새 파일을 만들 수 있습니다. 다른 사용자가 파일 및 폴더를 보거나, 편집하거나, 댓글을 달 수 있도록 권한을 지정하여 공유할 수 있습니다. 무엇보다도 공유와 협업에 초점을 두는 기능으로 구성되어 있습니다.

구글 문서 (Google Docs)
전반적으로 구글에서 가장 많이 사용되는 도구들을 총칭하여 구글 문서라고도 합니다. 구글 문서, 구글 프레젠테이션, 구글 스프레드시트 및 구글 설문지 등은 구글 드라이브에서 쉽게 제작, 수정, 공유, 저장이 가능합니다.

구글 지스위트 (Google G Suite) 안내

- 학습자들이 효율적으로 작업하고 서로 협업하며 세계 누구와도 교류하고 아이디어를 실시간으로 공유할 수 있게 합니다.

- 학교 및 대학 등의 교육기관은 무료로 사용할 수 있으며 무제한 용량의 클라우드 서비스를 제공합니다.

- 클라우드 기반 플랫폼으로 학습자가 어디에 있든지 또한 어떤 디지털 기기를 사용하든지 문서 작업을 할 수 있게 합니다.

- 인터넷에 연결되지 않는 곳에서도 작업이 가능하며 온라인 상태가 되자 마자 작업한 내용들이 동기화됩니다.

- 다양한 타사 앱 및 크롬확장 프로그램과 연동되며 학생들의 작업 흐름을 원활하게 하는 기능을 추가할 수 있으며 이때 추가 정보를 제공하지 않고도 구글계정으로 이러한 서비스를 이용할 수 있습니다.

- 작업하고 수정하는 내용을 따로 저장할 필요가 없으며 모든 변경사항은 자동저장 됩니다.

- 콘텐츠 제작에 집중할 수 있도록 의도적으로 디자인을 단순화하였습니다.

- 학습자의 학습 작업과 결과물을 쉽게 공유하고 수집하고 채점할 수 있습니다.

- 학습자가 자신의 작품 또는 다양한 학습 결과물을 더 많은 사람들과 공유할 수 있도록 게시 기능을 제공합니다.

- 영상 제작 및 공유에 관련된 다양한 기능을 제공합니다.

- 필요에 따라 학습자들 간의 이메일 소통을 학교내 구성원들로 제한할 수 있습니다.

디지털 도구를 선택할 때 비판적으로 고려해야 하는 문제

교사가 학생들과 함께 사용할 최적의 디지털 도구를 선택할 때 무엇을 고려해야 할까요? 이러한 질문에 비판적으로 고려해야 하는 문제를 다음과 같이 정리해 보았습니다.

- 사용하기 쉬운가?
- 학생들이 쉽게 설치할 수 있는가?
- 학생들이 의견을 남길 수 있는 기능이 있는가?
- 항상 무료인가? 아니면 추가 기능을 사용하기 위해 비용을 지불해야 하는가?
- 학생들이 구글계정으로 로그인하고 사용할 수 있는가?
- 학생들은 이 도구를 사용하여 제작한 자신의 창작물과 학습 결과물을 전 세계의 사람들과 공유할 수 있는가?
- 학생들은 이 도구를 사용하여 제작한 자신의 창작물과 학습 결과물을 컴퓨터나 구글드라이브에 쉽게 저장할 수 있는가?
- 학부모들이 자녀의 학습 결과물을 쉽게 볼 수 있는가?
- 아이패드(iPad), 데스크톱 및 크롬북을 포함한 다양한 디지털 기기에서 사용할 수 있는가?
- FERPA(Family Educational Rights and Privacy Act, 가족 교육 권리 및 개인 정보 보호법)[1]과 COPPA(Children's Online Privacy Protection Act, 아동 온라인 개인 정보 보호법)[2]를 준수하는가?
- 학생들이 자신의 생각을 시각화하고, 의견을 내며, 자신의 작업을 공유할 수 있도록 도와주는가?
- 학생들은 이 도구를 사용하여 텍스트, 이미지, 음성 및 영상 등을 자신이 작업하는 학습 활동에 쉽게 추가하거나 삽입할 수 있는가?

---

1) FERPA (Family Educational Rights and Privacy Act, 가족 교육 권리 및 개인 정보 보호법) : 1974년에 제정된 가족 교육 권리 및 개인 정보 보호법은 잠재적 고용주, 공공 자금 지원 교육 기관 및 외국 정부와 같은 공공 기관의 교육 정보 및 기록에 대한 정보 접근을 관리하는 미국 연방법이다. (출처 위키백과)

2) COPPA (Children's Online Privacy Protection Act, 아동 온라인 개인 정보 보호법) : 어느 웹사이트나 온라인 서비스 제공자들도 데이터 수집에 관하여 검증가능한 부모의 동의 없이 어린이의 개인정보를 수집, 사용 또는 공개, 일부 내용을 전달하는 것을 불법으로 규정하고 있다. (출처 한경닷컴)

유용한 20가지 디지털 도구와의 만남

이 책에서는 저자들이 신중하게 선택한 20가지 디지털 도구들을 소개하고자 합니다. 다음에 소개되는 디지털 도구들은 학습 결과물 제작, 학습 성찰, 지식 구축, 진정한 청중(독자)들과의 소통과 공유 및 정보를 비판적으로 소비하고 생산하는 방법을 배우는 데 도움이 되는 다양한 기능을 가지고 있습니다.

블로거 (Blogger)
blogger.com

교사와 학습자가 학습 일지, 수업 일지 또는 웹 사이트 등의 정보를 정기적으로 업데이트할 수 있는 구글에서 제공하는 블로그 플랫폼입니다.

북크리에이터 (Book Creator)
bookcreator.com

학습자가 학습한 활동 내용을 책, 만화, 사설 등과 같은 실질적인 학습 결과물로 제작하여 온라인에 게시할 수 있고 공유할 수 있는 웹 사이트 (BookCreator.com) 및 iOS 앱입니다.

캔바 (Canva)
canva.com

전문적인 맞춤형 그래픽 디자인을 빠르고 쉽게 만들 수 있는 온라인 그래픽 디자인 플랫폼입니다. 개발자는 '놀랍도록 간단한 그래픽 디자인 도구'라고 소개합니다.

구글 클래스룸 (Google Classroom)
classroom.google.com

구글의 다양한 앱을 통해 제작한 학습자료와 과제를 배포하고 학생들의 학습 결과물들을 제출받아 구글 드라이브에 저장할 수 있는 가상의 교실과 같은 온라인 플랫폼입니다.

구글 문서 (Google Docs)
docs.google.com / docs.new

구글 문서 도구를 활용하면 여러 학습자가 단일 문서안에서 실시간으로 쉽게 편집하고 댓글을 남기는 등 효율적인 공동작업이 가능합니다.

익스플레인 에브리씽 (Explain Everything)
explaineverything.com

공동작업이 가능한 온라인 화이트보드로서 학생들은 거의 모든 형식의 파일을 가져올 수 있고, 그림을 그리거나 다양한 콘텐츠를 제작하고 화면에 보이는 이 모든 과정을 해설과 함께 녹화할 수 있으며 이를 외부로 쉽게 내보낼 수 있습니다.

플립그리드 (Flipgrid)
flipgrid.com

바둑판 모양의 격자 틀에 주제별로 제작한 영상을 배열할 수 있는 영상-답변 또는 영상-응답 플랫폼입니다.

포머티브 (Formative)
goformative.com

학습자들의 학습 활동에 대한 정보를 수집하는 데 완벽한 웹 기반 도구입니다. 화면에 글을 써서 답변하는 등 다양한 답변 및 응답 방식을 선택할 수 있기 때문에 학습자가 수학 방정식과 같은 문제를 푸는 과정을 보여줄 수 있는 디지털 플랫폼입니다.

구글 설문지 (Google Forms)
forms.google.com / forms.new

지스위트 (G Suite)앱 중 하나이며 설문양식을 통해 수집된 학생들의 응답 또는 답변은 스프레드시트를 통해 데이터가 수집되며 도표 등을 활용하여 수집된 데이터를 시각화할 수 있습니다.

패들렛 (Padlet)
padlet.com

웹사이트 및 크롬 확장 프로그램으로, 학습자의 학습 활동 결과물, 과제, 답변 또는 교사들이 수업하는 데에 필요한 정보들을 수집할 수 있는 가상의 게시판과 같은 역할을 합니다.

페어덱 (Pear Deck)
peardeck.com

구글 프레젠테이션의 추가 기능으로 교사들은 이 도구를 통해 학습자들이 수업에서 소개되는 내용과 개념을 어느 정도 이해하고 있는지 수시로 확인할 수 있습니다. 발표 슬라이드를 통해 단순하고 정적으로 정보를 전달하는 방식을 넘어 모든 학생이 질문을 하거나 질문에 응답하면서 학습에 대한 이해를 보여줄 수 있으며 역동적으로 수업을 진행할 수 있습니다.

스크린캐스티파이 (Screencastify)
screencastify.com

오디오를 포함하여 화면 내의 모든 활동을 캡쳐하고 녹화할 수 있는 구글 크롬확장프로그램입니다.

시소 (Seesaw)
web.seesaw.me

디지털 포트폴리오 제작을 위한 앱 및 웹사이트로서 학습자의 사고를 시각적으로 보여줄 수 있는 강력한 도구가 됩니다. 시소에는 학생들이 자신의 창작물과 학습 결과물을 실제 구독자(또는 청중)들에게 공개할 수 있는 블로그 선택 기능도 있습니다.

구글 사이트 (Google Sites)
sites.google.com / sites.new

웹사이트를 공동으로 제작할 수 있는 구글의 플랫폼입니다.

MEET THE TOOLS

구글 프레젠테이션 (Google Slides)
slides.google.com / slides.new

효과적인 발표를 위한 시각적이고 협력적인 온라인 플랫폼입니다.

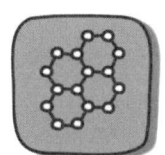
소크라티브 (Socrative)
socrative.com

폐쇄형 및 개방형 질문들을 활용하여 학습자의 지식과 이해에 대한 정보를 신속하게 수집할 수 있는 앱 및 웹서비스입니다.

사운드트랩 (Soundtrap)
soundtrap.com

녹음 작업을 하고 음원을 제작할 수 있는 협동적 디지털 오디오 작업공간이라 할 수 있습니다.

위비디오 (WeVideo)
wevideo.com

웹 기반 비디오 제작 플랫폼입니다.

톡앤코멘트 (Talk and Comment)
Talkandcomment.com

구글 문서 및 슬라이드를 포함한 모든 웹사이트에서 사용 할 수 있는 크롬 확장 프로그램입니다. 이 도구를 활용하여 음성 메모를 녹음하고 생성된 링크를 사용하여 해당 음성 메모를 공유할 수 있습니다.

유튜브 (YouTube)
youtube.com

영상을 업로드하고, 시청하며, 공유하고, 편집할 뿐만 아니라 업로드한 영상에 댓글을 달 수 있는 비디오 호스팅 웹 사이트입니다. 또한 잘 선별된 영상 채널들을 시청 및 구독하고 목록화할 수 있는 강력한 검색 엔진이 되기도 합니다.

주요 기능별 디지털 도구 소개

협업

- 북크리에이터 (Book Creator)
- 구글 문서 (Google Docs)
- 구글 프레젠테이션 (Google Slides)
- 위비디오 (WeVideo)
- 사운드트랩 (Soundtrap)
- 패들렛 (Padlet)
- 구글 사이트 (Google Sites)
- 익스플레인 에브리씽 (Explain Everything)
- 페어덱 (Pear Deck)

영상 제작

- 위비디오 (WeVideo)
- 익스플레인 에브리씽 (Explain Everything)
- 스크린캐스티파이 (Screencastify)
- 플립그리드 (Flipgrid)
- 시소 (Seesaw)
- 유튜브 (YouTube)

공유 게시

- 패들렛 (Padlet)
- 블로거 (Blogger)
- 시소 (Seesaw)
- 구글 사이트 (Google Sites)
- 북크리에이터 (Book Creator)
- 구글 클래스룸 (Google Classroom)
- 구글 문서 (Google Docs)
- 구글 프레젠테이션 (Google Slides)
- 플립그리드 (Flipgrid)
- 익스플레인 에브리씽 (Explain Everything)
- 위비디오 (WeVideo)
- 유튜브 (YouTube)
- 사운드트랩 (Soundtrap)

WHAT THE TOOLS DO

이미지 편집
- 캔바 (Canva)
- 익스플레인 에브리씽 (Explain Everything)
- 구글 프레젠테이션 (Google Slides)

책/일지 제작
- 북크리에이터 (Book Creator)
- 구글 문서 (Google Docs)
- 익스플레인 에브리씽 (Explain Everything)
- 구글 프레젠테이션 (Google Slides)

디지털 포트폴리오
- 시소 (Seesaw)
- 구글 사이트 (Google Sites)
- 북크리에이터 (Book Creator)

프레젠테이션 제작 및 발표
- 구글 프레젠테이션 (Google Slides)
- 익스플레인 에브리씽 (Explain Everything)
- 캔바 (Canva)

오디오 파일 만들기
- 사운드트랩 (Soundtrap)
- 북크리에이터 (Book Creator)
- 시소 (Seesaw)
- 톡앤코멘트 (Talk and Comment)
- 익스플레인 에브리씽 (Explain Everything)
- 플립그리드 (Flipgrid)

생각과 지식의 시각화 / 형성 평가
- 소크라티브 (Socrative)
- 포머티브 (Formative)
- 구글 설문 (Google Forms)
- 플립그리드 (Flipgrid)
- 북크리에이터 (Book Creator)
- 사운드트랩 (Soundtrap)
- 위비디오 (WeVideo)
- 스크린캐스티파이 (Screencastify)
- 블로거 (Blogger)
- 페어덱 (Pear Deck)

화면 녹화
- 익스플레인 에브리씽 (Explain Everything)
- 스크린캐스티파이 (Screencastify)
- 시소 (Seesaw)

어떤 디지털 도구를 사용해야 할까?

여러분이 최적의 디지털 도구를 선택해야 할 때 도움이 될 만한 몇 가지 사례를 소개합니다.

일반적으로 많은 교사들은 교실내 수업을 통해 이미 효과적이었던 교수법이나 테크놀로지를 알고 있다고 하더라도 학습자의 학습과 수업을 개선하기 위해 새로운 디지털 기술을 사용하는 방법을 항상 탐색합니다. 아래 표는 교사들이 자신의 수업에 도입할 디지털 도구를 결정하는 데 도움이 될 만한 사례입니다. 아래의 도움말들이 **우리교실에 스며드는 구글**을 구현하려는 여러분들의 시도에 시작점이 되길 바라며 다양한 수업 활용 사례를 **#우리교실에스며드는구글** (#infusedclassroom) 해시태그를 사용하여 트위터 (Twitter) 또는 인스타그램 (Instagram)에 공유하는 것을 권장합니다.

학생들에게 이러한 활동을 하게 하였다. → **학생들은 이제 이러한 활동을 할 수 있다.** →

파워포인트로 발표 자료를 제작하게 하였다.	– 구글 프레젠테이션을 활용한 발표 슬라이드를 화면에 띄우고 학습한 내용을 발표하는 화면 녹화 영상을 제작한다. – 구글 마이맵스 (Google My Maps)를 사용하여 이야기를 만들고 테드톡 (TED Talks)을 제작하는 활동 등을 한다. (bit.ly/ExampleVideos 참조)
활동지(디지털 활동지 포함)를 작성하게 하였다.	– 아바타를 사용하여 내용을 정리한 후 다시 말하고, 구글 드로잉 (Google Drawings)에서 밈 (Meme)[1]을 만들고, 인서트러닝 (Insertlearning)[2] 앱을 사용하여 주어진 다양한 수업자료들에 대한 자신의 이해도를 점검할 수 있다. **(이해력 점검)** – 특정한 기술을 위한 설명서를 만든 다음, 북크리에이터 (Book Creator)에서 책으로 제작할 수 있다. **(역량 강화)** – 단어가 의미하는 바를 설명주는 동영상을 만들거나 동의어 일지를 작성한다. **(단어 학습)** – 톡앤코멘트 (Talk and Comment)를 사용하여 음성 메모를 만들거나, 최근 동향이나 근황에 대한 팟캐스트 뉴스스토리를 만든다. (bit.ly/ExampleVideos 참조). **(복습 활동)** – 트위터 게시판을 만들고 개념에 대한 사실, 통계 및 기타 관련 정보를 게시한다. **(연구 활동)**

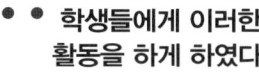

학생들에게 이러한 활동을 하게 하였다.	학생들은 이제 이러한 활동을 할 수 있다.
실물 모형을 제작하게 했다.	코스페이스 (Cospaces)3)나 마인드크래프트 (Minecraft)4)에 가상 환경을 만들어 모형을 제작한다. (bit.ly/ExampleVideos 참조)
과제물 모음집을 만들게 했다.	다양한 체험 활동을 한다. – 우리 가족만의 요리책이나 블로그를 만든다. – 친구들과 야외 활동이나 현장 탐구활동을 한다. – 흥미를 불러일으키는 책을 읽고 리뷰를 남긴다. – 가족들과 토론을 한다. – 가족이 운영하는 부업 활동에 참여한다.
예습을 위해 교과서를 읽게 했다.	다음 단원 학습을 위한 나만의 수업 자료를 만들어 본다. – 하이퍼닥스 (HyperDocs)를 활용한다. – 콘텐츠 중심의 동영상을 제작하여 유튜브 (YouTube)에 업로드한다. – 북크리에이터 (Book Creator)를 활용하여 디지털 책을 만든다.
객관식 시험을 보게 하거나 문제집을 풀게 했다.	– 소크라티브 (Socrative)를 통해 다양한 유형의 질문에 답변을 한다. – 인서트러닝 (InsertLearning) 앱에서 열린 질문으로 단편소설을 쓴다. – 북크리에이터 (Book Creator)를 사용하여 제작한 학습일지에 기록된 개념들에 대한 설명 영상 (튜토리얼 영상)을 만든다.
매번 연습문제를 풀어 제출하게 했다.	대화형 필기노트, 블로그 또는 문제를 푸는 과정을 설명하는 자습영상을 만든다. 이런 방식으로 학생들은 자신의 학습 사례들을 만들어 나가며 '필기노트' 또는 블로그에 게시하여 필요할 때마다 참조한다.
철자시험을 보게 했다.	만화 어휘집을 만들거나 단어 연구 일기를 작성한다. 서로 연관이 없는 단어들을 단순히 암기하기 보다는 북크리에이터 (Book Creator)를 이용하여 단어의 철자 패턴, 어원, 접두사, 그리고 단어와 관련된 다양한 지식과 정보들까지 학습한다.
독서일지를 작성하게 했다.	스냅챗 (Snapchat)과 인스타그램 (Instagram)에 북스냅스 (BookSnaps) 활동을 공유한다.
한명씩 돌아가며 책을 크게 읽는 활동을 하게 했다.	북크리에이터 (Book Creator)를 활용하여 읽기 유창성 일지를 만든다.
안내책자를 디자인하게 했다.	– 블로그에 글을 게시하거나 구글 사이트 (Google Sites)를 활용하여 웹사이트를 제작한다. – 캔바 (Canva)에서 인포그래픽을 만든다.
포스터를 제작하게 했다.	씽크링크 (ThingLink)5)를 사용하여 프로젝트를 설명하는 영상은 만든다.
선형필기방식으로 필기하게 했다.	구글 문서 (Google Docs)나 익스플레인 에브리씽 (Explain Everything)을 사용하여 스케치노트방식으로 필기를 하거나 공동 필기작성 활동에 참여한다.

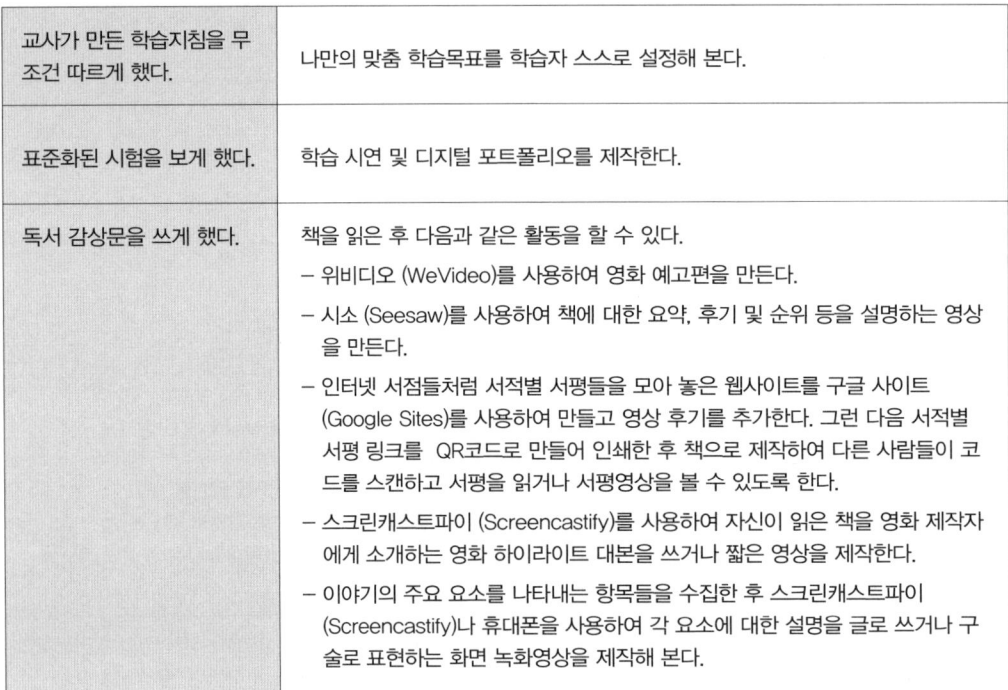

학생들에게 이러한 활동을 하게 하였다.	학생들은 이제 이러한 활동을 할 수 있다.
교사가 만든 학습지침을 무조건 따르게 했다.	나만의 맞춤 학습목표를 학습자 스스로 설정해 본다.
표준화된 시험을 보게 했다.	학습 시연 및 디지털 포트폴리오를 제작한다.
독서 감상문을 쓰게 했다.	책을 읽은 후 다음과 같은 활동을 할 수 있다. – 위비디오 (WeVideo)를 사용하여 영화 예고편을 만든다. – 시소 (Seesaw)를 사용하여 책에 대한 요약, 후기 및 순위 등을 설명하는 영상을 만든다. – 인터넷 서점들처럼 서적별 서평들을 모아 놓은 웹사이트를 구글 사이트 (Google Sites)를 사용하여 만들고 영상 후기를 추가한다. 그런 다음 서적별 서평 링크를 QR코드로 만들어 인쇄한 후 책으로 제작하여 다른 사람들이 코드를 스캔하고 서평을 읽거나 서평영상을 볼 수 있도록 한다. – 스크린캐스트파이 (Screencastify)를 사용하여 자신이 읽은 책을 영화 제작자에게 소개하는 영화 하이라이트 대본을 쓰거나 짧은 영상을 제작한다. – 이야기의 주요 요소를 나타내는 항목들을 수집한 후 스크린캐스트파이 (Screencastify)나 휴대폰을 사용하여 각 요소에 대한 설명을 글로 쓰거나 구술로 표현하는 화면 녹화영상을 제작해 본다.

1) 밈 (Meme) : '인터넷 밈 (Internet Meme)'을 줄여서 '밈 (Meme)'이라고 부르는데 인터넷에서 유행하는 특정한 문화 요소와 콘텐츠를 이르는 말이다. 영미 커뮤니티에서는 채팅이나 UCC 활동을 할 때 쓰이는 필수요소를 밈이라 일컫는데 유행어와 비슷한 부분이 많지만 밈은 언어에 국한되지 않고 사진, 영상 등 다양한 미디어를 넘나든다는 차이가 있다. 대개 모방의 형태로, 인터넷을 통해, 사람에서 사람 사이에 전파되는 어떤 생각, 스타일, 행동 따위를 말한다. (출처 나무위키)

2) 인서트러닝 (InsertLearning) : 구글의 크롬 확장 프로그램으로서 웹사이트에 직접 교사가 질문 또는 토론주제 등을 삽입할 수 있어 학생들이 해당 웹페이지를 보며 답변을 하고 필기를 할 수 있다.

3) 코스페이스 (Cospaces) : 웹 기반 가상현실 (VR) 제작 도구

4) 마인드크래프트 (Minecraft) : 마르쿠스 알렉세이 페르손이 개발하고 마이크로소프트 스튜디오가 배급하는 오픈 월드 인디 게임이다. 정해진 목표 없이 정육면체 블록과 도구를 이용하여 건축, PvE, PvP를 비롯한 다양한 활동이 가능하며 현재는 코딩과 창의 수업에 많이 활용되고 있다. (출처 위키백과)

5) 씽크링크 (ThingLink) : 이미지나 사진에 다양한 정보 (사진, 동영상, 텍스트 등)를 삽입하여 자세한 설명 자료를 만들 수 있는 웹사이트이다. (thinklink.com 참조)

교육에 대한 재인식
전통적인 교육과 혁신적 교육에 대한 비교

교사들이 수업과 가르침에 대한 결정을 하는 데 있어 도움이 될 몇 가지 사례를 소개합니다.
우리 학생들이 현재의 21세기 사회에서 성공하려면, 기존의 전통적인 교사 주도의 교육 관행에서 벗어나 학생별 학습요구에 맞는 차별화된 학습에 집중하고 디지털 기술과 교육의 효과적인 통합을 추구하는 인식의 전환이 필요합니다. 그래서 여기 여러분이 여러분의 교실에 혁신적 교육을 통합할 수 있는 몇 가지 방법을 소개하고자 합니다.

전통적인 교육 ◀••••••••••▶ 혁신적인 교육

전통적인 교육	혁신적인 교육
표준화된 교육	개별화 맞춤 교육
교사가 교실을 통제하고 주도권을 가지고 있다	학습자는 수업이 진행하는 방향에 대해 자기의 의견을 낸다. **(학생주도 활동)**
교사는 정보의 수호자이다.	학습자와 교사는 정보 탐색을 위해 함께 협력한다.
학생들의 규칙준수는 처벌여부에 달려있다.	학습자는 자기 학습의 주도권을 가지며 수업 활동은 과제와 과제가 아닌 활동으로 구분된다.
정보는 정적이며 교과서나 규정된 교과 과정으로부터 얻는다.	정보는 전문학습 공동체, 검증된 온라인 자료, 외부 전문가 등 다양한 자원으로부터 얻는다.
활동지나 문제지는 몇 달 전에 미리 만들어지며 교육과정은 서류철에 보관된다.	수업은 역동적이며 학생들의 질문, 사전 지식, 지적 호기심, 학습적 요구에 의해 진행된다.
학습 주제들은 서로 구분되고 분류된다.	학습 주제들은 서로 중복되고 연결된다.
교육과정은 과목별 그리고 단원별로 전달되며 이에 따른 결과물이 평가되고 등급이 매겨진다.	교과과정은 학습자의 개인 성장을 교사가 평가하는 과정에 초점을 맞추고 있다.
교실 앞에 위치한 교사의 교탁을 중심으로 학생들은 나란히 줄지어 놓인 책상에 앉아있다.	교실은 학습자들의 다양한 학습 요구를 염두에 두고 설계된 유연한 학습 환경이다. **(공간 혁신)**
교사는 규정된 수업 계획서를 사용한다.	학습자들도 학습 목표를 설정하고 발전시키는 과정에 참여한다.
지식의 평가는 표준화된 시험과 객관식 시험으로 구성되어 있다.	학습자는 디지털 포트폴리오를 만들고 자신의 학습 결과물을 시연한다. 이 과정이 평가에 반영된다.

전통적인 교육 ◀●●●●●●●●●●▶ 혁신적인 교육

교사와 학부모만이 학생들의 학습 결과물을 볼 수 있다.	학습자의 창작물과 학습 결과물의 독자나 관객은 전세계 어느 누구나 될 수 있다.
학생들은 숙제를 완수한다.	학습자는 자기 수업시간의 20% 시간을 할애하여 주도적으로 프로젝트를 진행한다.

테크놀로지를 활용한 실험적인 수업은 교사와 학생 모두가 즐겁게 수업에 참여할 수 있도록 하며 동시에 그들의 역량을 강화시켜 줍니다. 구성주의와 연결주의를 효과적으로 우리 교실에 통합함으로써, 우리 교육자들은 이러한 실험 활동이 매우 중요한 도전이 되는 21세기 학습 환경을 설계할 수 있을 뿐만 아니라 우리가 지도하는 학습자들이 미래에 대비할 수 있도록 안내하고 지도할 수 있습니다.

"교육학 (Pedagogy)"을 소개한 섹션에서 논의했던 두 가지 학습 이론은 21세기 학습자들이 어떻게 배워야 하는지를 설명합니다. 지금까지 이 학습 이론을 기초로 디지털 도구를 활용하여 우리 교실을 호기심과 학습의 중심으로 만드는 방법 그리고 우리 교실에 스며드는 구글에 대해 소개했습니다.

마지막으로 꼭 기억하시기 바랍니다. 최고의 수업은 우리가 사용하는 디지털 도구나 테크놀로지에 초점을 두는 것이 아닙니다. 수업의 중점을 언제나 학생들의 학습에 두어야 한다는 점과 디지털 도구 또한 도구일 뿐 내용은 사람이 되어야 한다는 점을 꼭 기억하시기 바랍니다.

저자 소개

홀리 클라크 (Holly Clark)는 캘리포니아 샌디에이고 출신의 교육 전략가입니다. 그녀는 컬럼비아 대학교 교원대학을 졸업하고 미국 연방 인증교사를 역임하였으며 현재 구글 공인인증 이노베이터입니다. 그녀는 2000년부터 교실수업과 디지털 기술 통합을 적용한 1:1 학습 환경에 대한 전문가로 활동중입니다. 현재 의미 있는 기술 통합과 디자인 사고를 포함하여 혁신적인 교육을 지원하고 영감을 주는 문화와 전략을 구축하기 위해 국제적으로 많은 학교들을 컨설팅하고 있습니다.

홀리는 공립학교와 자립형 사립학교에서 모두 근무한 경력을 가지고 있으며 #CaEdChat의 공동 설립자입니다. 그녀는 인기 있는 교육 블로그인 hollyclark.org를 만들고 전세계 청중들에게 연설을 하고 있습니다.

홀리와의 연결:
hollyclark.org
Twitter: @HollyClarkEdu
Email: holly@hollyclark.org

타냐 에이브리스 (Tanya Avrith)는 사우스 플로리다에 살고 있는 교사 겸 교육 컨설턴트입니다. 그녀는 교육학 전공자이며 현재 애플 우수 교육자와 구글 공인인증 이노베이터입니다. 타냐는 초·중·고등학교를 가르쳤고, 디지털 시민성 교육, 아이패드와 크롬북 이니셔티브를 위한 대규모 교사연수를 위해 많은 학교들을 컨설팅해왔습니다. 그녀는 캐나다 몬트리올의 레스텔 피어슨 교육청 (Lester B. Pearson School Board)의 수석 교사 및 디지털 전문가로 근무했으며 현재는 플로리다 주 코코넛크릭에 있는 노스 브라우어드의 고등학교 학생들에게 퍼스널 브랜딩과 디지털 커뮤니케이션 (Personal Branding and Digital Communication)을 가르치고 있습니다.

타냐와의 연결:
Website: tanyaavrith.com
Twitter: @TanyaAvrith

역자 소개

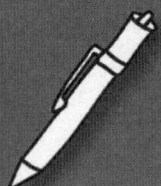

쥬디 킴 (Judy Kim)은 캐나다 교포 출신의 영어교육전문가이며 테솔(TESOL)과 교육학 전공자로서 21년간 기업 교육 및 대학과 평생교육원에서 교사를 대상으로 다양한 영어 교수법 연수를 진행했으며 대학생과 성인학습자들을 위한 효과적인 영어 의사소통 방법을 교육해오고 있습니다.

그녀는 한국 여성최초 구글 공인인증 이노베이터 (Google Certified Innovator)이고 구글 공인인증 트레이너 (Google Certified Trainer)이며 구글 공인인증 교육자 (Google Certified Educator Level 1 & Level 2)로서 구글 교육자그룹 (Google Educator Group) GEG 경기 리더로 활동 중입니다. 또한 마이크로소프트 혁신 교육자이며 구글어스 교육자로서 한국뿐만 아니라 전세계의 교육자들에게 구글의 디지털 도구 수업활용, 스마트 행정과 스마트 업무 및 구글의 지리적 도구와 VR/AR을 활용한 다양한 연수와 프로젝트를 진행하고 있습니다.

▶ **쥬디 킴과의 연결:**
- www.googleyjudy.com
- Twitter: @JungeunJudy
- Email: judykim@gtrainerdemo.handsinhands.kr
  judy7222@gmail.com

본 책에서 소개된
디지털 도구들에 대한
안내 동영상